Cómo Dejar de Pensar Demasiado, Controlar la Ansiedad, Manejar el Estrés y Dormir Mejor:

Técnicas para Calmar la Mente y Encontrar la Paz Interior

Table of Contents

Table of Contents 2
Introducción 14
Capítulo 1: ¿Qué es la sobrepensación? 16
    ¿Por qué pensamos demasiado? 17
    El cerebro sobrepensante 18
    Síntomas de sobrepensar 20
    Peligros de ser un pensador excesivo 22
    Tres tipos de sobrepensar 24
Capítulo 2: Ansiedad y sobrepensamiento. 26
    Maneras en que la ansiedad causa sobrepensamiento 26
    Resultado de la ansiedad y el pensamiento excesivo . 28
    Lo que no es la sobrepensación 30
    Cómo dejar de sobrepensar todo 31
Capítulo 3: Intenta detenerlo antes de que empiece 32
    Creencias Limitantes 32
    Estrategias de afrontamiento poco útiles 35
    Prepárate para entrenar tu mente para establecer una relación saludable con tus pensamientos. 36
Capítulo 4: Enfoque en la Solución Activa de Problemas. 39
    ¿Qué es la resolución activa de problemas? 40
    Preguntas que hacerte a ti mismo 41
    ¿Cuándo es efectiva la resolución activa de problemas? 42
    Cómo utilizar la resolución activa de problemas 43

Capítulo 5: Considera el Escenario de Peor Caso............... 45

    Qué hacer al considerar el peor de los escenarios 47

    Por qué deberías considerar el peor de los escenarios 48

Capítulo 6: Programa tiempo para pensar.......................... 50

    Los pasos de "Programar Tiempo para Pensar." 51

Capítulo 7: Piensa de manera útil. 55

Capítulo 8: Establecer límites de tiempo para tomar decisiones. 60

    Cómo Establecer Límites de Tiempo para Tus Decisiones.. 61

    Establece un límite al número de decisiones que tomas por día. 63

Capítulo 9: Considera el panorama general. 65

Capítulo 10: Vive en el Momento. 70

    ¿Por qué es importante estar presente? 71

    Pasos prácticos para vivir en el presente. 72

Capítulo 11: Meditar... 75

    4 Maneras en que la meditación ayuda a detener el exceso de pensamiento... 76

    Cómo meditar en 9 sencillos pasos 77

Capítulo 12: Crea una lista de tareas. 80

Capítulo 13: Abraza la Positividad. 85

Capítulo 14: Usando Afirmaciones para Aprovechar el Pensamiento Positivo... 90

    ¿Qué son las afirmaciones y funcionan? 91

    Cómo Usar Afirmaciones Positivas 92

    Cómo Escribir una Declaración de Afirmación 93

    Ejemplos de Afirmaciones... 95

Capítulo 15: Conviértete en una persona orientada a la acción. 97

Consejos para Actuar en la Superación del Pensamiento Excesivo 98

Capítulo 16: Superando tu miedo. 101

Capítulo 17: Confía en ti mismo. 104

Capítulo 18: Deja de esperar el momento perfecto. 109

Capítulo 19: Deja de preparar tu día para el estrés y la sobrepensación. 114

Capítulo 20: Aceptando Todo lo que Sucede. 117

Formas de Dejar Ir las Heridas del Pasado 118

Capítulo 21: Da lo Mejor de Ti y Olvida el Resto. 122

No tiene que ser difícil. 125

Capítulo 22: No te presiones para manejarlo. 126

Capítulo 23: Diario para sacar los pensamientos de tu cabeza. 130

Cómo empezar 131

Llevar un diario para lograr un mejor estado de ánimo 132

Capítulo 24: Cambiar de canal. 134

Capítulo 25: Tómate un descanso. 137

Descanso para Resultados 137

Capítulo 26: Hacer ejercicio. 140

Cómo el ejercicio promueve el bienestar positivo 141

Tipos de ejercicios para superar el pensamiento excesivo 143

Capítulo 27: Consigue un pasatiempo. 145

Capítulo 28: No seas demasiado duro contigo mismo. 148

Cómo dejar de ser tan duro contigo mismo 149

Capítulo 29: Duerme mucha y buena calidad. 152
    Beneficios del sueño 153
    Cómo sacar el máximo provecho de tu sueño 155
Conclusión. 158
Introducción. 163
Capítulo 1: Ira 165
    Patrones de Pensamiento Negativos 166
    Expresión de enojo 167
    Otros Métodos de Expresión de la Ira 169
    Entendiendo la ira 171
    Fisiología de la Ira 172
    Rabia Inteligente 175
Capítulo 2: Causas de la Ira 178
    Rabia a una edad temprana 178
    Ira a Través de las Generaciones 179
    Adquisición de estilos de ira 181
    Ira y género 182
    Ira y Cultura 184
    Poblaciones Afectadas por la Ira 185
        Adultos 186
        Niños y Adolescentes 186
        Individuos con Discapacidades Intelectuales 187
        Criminales Violentos 188
        Abuso de Sustancias 188
        Trastorno de Estrés Post-Traumático 189
Capítulo 3: Signos y Síntomas de Problemas Relacionados con la Ira 190
    Ira Crónica 192

Síntomas Emocionales de Problemas Relacionados con la Ira 197

Síntomas Físicos de Problemas Relacionados con la Ira 198

Capítulo 4: Los Costos de la Ira 199

Costos de Salud 199

Presión Arterial y Enfermedades del Corazón 199

Tipos de Personalidad y Ira 200

Costos Sociales 203

Costos motivacionales y efectos de la ira 205

Capítulo 5: Ira y Salud Mental 207

La conexión entre la ira y el estrés 208

Consejos Rápidos para Manejar el Estrés y la Ira 209

El impacto de la ira y el estrés 210

La ira y tus creencias 211

El Iceberg 212

Rabia, Alcohol y Abuso de Drogas 214

Capítulo 6: La elección de gestionar la ira 216

Las Etapas del Cambio 217

Tratamiento obligatorio de manejo de la ira 220

¿Por qué debes mantener la calma? 221

Los Principales Desafíos que Obstaculizan el Cultivo de una Ira Saludable 222

Capítulo 7: Pasos para Manejar la Ira de Manera Efectiva 229

Usando un Diario de Ira 229

Técnicas de Relajación para el Control de la Ira 236

Respiración profunda controlada 236

Practicando la respiración lenta............................236
Relajación muscular progresiva 238
La Prueba de Realidad como una Herramienta de Manejo de la Ira 239
Prueba de Realidad 240
Pensamiento en blanco y negro.........................241
Hablarlo ayuda 242
Cuenta hasta diez 243
Capítulo 8: Manejo de la Ira y Comunicación................244
Manejo de la Ira y Solicitud de Peticiones...................245
Capítulo 9: Seleccionando un Programa de Manejo de la Ira..249
Terapia Individual y Grupal 251
Clases de manejo de la ira 252
Autoestudio 253
Cumpliendo con el Programa de Manejo de la Ira......254
Terapia Cognitivo-Conductual para el Manejo de la Ira 255
Terapia Cognitivo-Conductual - Orientada a Metas 256
Terapia Cognitivo-Conductual – Enfocada en el Presente...257
Terapia Cognitivo-Conductual – Activa.....257
Terapia Cognitivo Conductual - Breve 257
Terapia Cognitivo-Conductual – Bien Investigada258
Otras Opciones de Programas de Tratamiento............259
Programas de tratamiento de manejo de la ira residencial / hospitalario 260

Beneficios de los Tratamientos de Manejo de la Ira Internos 261

Programa Ejecutivo de Manejo de la Ira 261

Programas Ambulatorios de Tratamiento para la Ira 262

Encontrar la Mejor Instalación de Tratamiento para el Manejo de la Ira 263

El Compromiso Contractual 264

Tómate un tiempo. 265

Examinando el pensamiento 266

Comunicación asertiva 267

Duración del contrato 267

Deja que la gente te ayude 268

Recompénsate a ti mismo 269

Capítulo 10: El Uso de Técnicas de Manejo de la Ira: Poniéndolas Juntas 270

La práctica hace la perfección 273

Ira y Defensa 274

Capítulo 11: Recaídas y tratamiento de la ira 276

Mentalidad sobre Recaídas 277

Mantente fiel a tu plan. 277

Busca retroalimentación. 278

Incentívate. 279

Señales de advertencia de una recaída 279

Capítulo 12: Medicación para la Ira y Efectos Secundarios 283

Medicamentos Comunes 283

Antidepresivos 283

Estabilizadores del estado de ánimo 284

Medicamentos antipsicóticos 284
La seguridad del tratamiento con medicamentos 284
Capítulo 13: Resumen de Técnicas de Manejo de la Ira 286
    Sintiendo enojo 286
    Qué Hacer 287
    Estrategias Inmediatas 288
    Estrategias a Corto Plazo 289
    Estrategias a Largo Plazo...290
Conclusión..293

Cómo Dejar de Pensar Demasiado:

27 Técnicas Poderosas para Aliviar el Estrés. Hacking Mental para Encontrar la Libertad Emocional. Despeja tu Mente y Aprende el Arte de Dejar Ir.

Copyright de Robert Clear 2024 - Todos los derechos reservados.

El contenido contenido en este libro no puede ser reproducido, duplicado o transmitido sin el permiso directo por escrito del autor o del editor.

Bajo ninguna circunstancia se le atribuirá culpa o responsabilidad legal al editor o al autor por daños, reparaciones o pérdidas monetarias debido a la información contenida en este libro. Ya sea de manera directa o indirecta.

Aviso legal:

Este libro está protegido por derechos de autor. Este libro es solo para uso personal. No puedes enmendar, distribuir, vender, usar, citar o parafrasear ninguna parte, ni el contenido dentro de este libro, sin el consentimiento del autor o del editor.

Aviso de Exención de Responsabilidad:

Tenga en cuenta que la información contenida en este documento es solo para fines educativos y de entretenimiento. Se ha realizado todo el esfuerzo para presentar información precisa, actual y completa, confiable. No se declaran ni se implican garantías de ningún tipo. Los lectores reconocen que el autor no está ofreciendo asesoramiento legal, financiero, médico o profesional. El contenido de este libro ha sido derivado de diversas fuentes. Por favor, consulte a un profesional licenciado antes de intentar cualquier técnica descrita en este libro.

Al leer este documento, el lector acepta que bajo ninguna circunstancia el autor es responsable de las pérdidas, directas o indirectas, que se incurran como resultado del uso de la información contenida en este documento, incluyendo, pero no limitado a, — errores, omisiones o inexactitudes.

Introducción

Pensar en exceso es muy común y debilitante. Puede impedirte socializar, tener un sueño reparador, afectar tu rendimiento en el trabajo e incluso interrumpir unas vacaciones bien planificadas. Cuando el pensar en exceso se vuelve crónico, puede llevar tanto a incomodidad física como mental. En resumen, pensar en exceso puede dejarte exhausto tanto física como mentalmente. Si así te sientes en este momento, es posible que hayas intentado varias formas de escapar de una situación tan deprimente sin éxito.

Pero entonces, ¿qué es el trastorno de sobrepensar? En circunstancias normales, todos nos preocupamos por una cosa u otra, pero cuando esas ansiedades comienzan a absorber la vida de nosotros, entonces se convierte en un problema serio. Aunque no todos sufrirán de tal grado de preocupaciones, algunos individuos son más propensos a sufrir de tales trastornos que otros, especialmente personas con un historial de trastorno de ansiedad. Los científicos han descubierto que sobrepensar puede activar varias áreas del cerebro que regulan la ansiedad y el miedo.

Pero incluso si nunca has tenido un historial de trastornos de ansiedad, aún podrías ser propenso a la sobrepensación, especialmente si asumes la responsabilidad de ser un "solucionador de problemas". Tu mayor fortaleza como pensador analítico puede acabar convirtiéndose en tu mayor enemigo, especialmente cuando te quedas atrapado en un pantano de pensamientos improductivos. Además, los sentimientos de incertidumbre en un alto grado pueden inducir un trastorno de sobrepensamiento. Por ejemplo, si ocurre un cambio significativo como una gran pérdida en tu vida, podrías perder el control de tu mente y esta podría girar en una dirección de obsesión improductiva.

Es reconfortante saber que se puede superar el pensamiento excesivo (y la ansiedad). Hay muchas técnicas efectivas para resolver las ansiedades, sin importar la causa, ya sea el pensamiento excesivo debido a una relación fallida, problemas de salud o cuestiones financieras. Mantente atento, ya que este libro te guiará a través de las técnicas para detener el pensamiento excesivo. Pero primero, este libro comenzará definiendo cada problema y luego discutirá las soluciones más efectivas para cada problema.

Capítulo 1: ¿Qué es la sobrepensación?

Como su nombre indica, sobrepensar simplemente significa pensar demasiado. En realidad, cuando pasas más tiempo pensando en lugar de actuar y participar en otras actividades, entonces estás sobrepensando. Puedes encontrarte analizando, comentando y repitiendo los mismos pensamientos una y otra vez, en lugar de tomar acción, entonces estás sobrepensando. Tales malos hábitos pueden obstaculizar tu progreso, dejándote sin productividad.

Cada individuo experimentará el exceso de pensamientos de manera diferente y nadie sobrepiensa de la misma forma. Pero, en general, todos aquellos que sobrepiensan estarán de acuerdo en que la calidad de su vida se ha visto afectada por su incapacidad para controlar sus pensamientos y emociones negativas. Tales hábitos dificultan que la mayoría de los individuos se socialicen, sean productivos en el trabajo o disfruten de sus pasatiempos debido a la enorme cantidad de tiempo y energía que su mente consume en una línea de pensamientos específica. Tales emociones incontroladas pueden ser muy perjudiciales para la salud mental del individuo.

Sobrepensar dificulta hacer nuevos amigos y mantener a los amigos; te resultará difícil conversar con ellos porque estás excesivamente preocupado por qué decir o qué hacer para mantener la conversación. Algunas personas que se ven afectadas por este trastorno pueden encontrar difícil participar en conversaciones generales o interactuar con otros, incluso en un entorno normal. Además, algunos pueden tener problemas para cumplir con una cita o ir a la tienda. Este tipo de pensamiento desperdicia tiempo y agota tu energía, impidiéndote así tomar acción o explorar nuevas ideas. También obstaculiza el progreso en la vida. Esto se puede comparar con atar una cadena que está conectada a un poste alrededor de tu cintura y luego correr en círculos: estarás ocupado pero no serás productivo. Sobrepensar inhabilitará tu capacidad para tomar decisiones acertadas.

Bajo tales circunstancias, es más probable que estés preocupado, ansioso y desprovisto de paz interior. Sin embargo, cuando dejas de pensar demasiado, te volverás más productivo, feliz y disfrutarás de más paz.

¿Por qué pensamos demasiado?

Hasta ahora, hay dos explicaciones principales sobre la razón por la que las personas piensan en exceso:

- El cerebro que sobrepiensa y
- Cultura contemporánea.

El cerebro sobrepensante

Nuestro cerebro está diseñado de tal manera que todos nuestros pensamientos están interconectados en redes y nodos. Por ejemplo, los pensamientos sobre el trabajo pueden estar en una red, y los pensamientos sobre la familia en otra.

Hay una fuerte conexión entre nuestras emociones y estados de ánimo. Las actividades o circunstancias que estimulan sentimientos negativos parecen estar conectadas a una red, mientras que aquellas que inducen felicidad están vinculadas a otra red.

Aunque tal interconexión de sentimientos y pensamientos puede ayudar a las personas a pensar de manera más eficiente, también puede hacer que las personas piensen en exceso.

En general, los estados de ánimo negativos a menudo activan pensamientos y recuerdos negativos, incluso si tales pensamientos no están relacionados. Pensar en exceso mientras se está en un estado de ánimo negativo puede llenar la mente de muchas ideas negativas y cuanto más piensa en exceso una persona, más fácil será para su cerebro inducir asociaciones negativas.

Según investigaciones de expertos en el cerebro, se ha descubierto que el daño (o el mal funcionamiento) de ciertas áreas del cerebro puede hacer que una persona sea propensa a la depresión y a pensar en exceso. Tales áreas incluyen la amígdala y el hipocampo, que están involucrados en el aprendizaje y la memoria, y la corteza prefrontal, que ayuda a regular las emociones. Este conocimiento explica en parte por qué algunas personas piensan en exceso más que otras.

La Generación de la Sobrepensación. Los informes de los estudios realizados por el autor mostraron que los jóvenes, así como los individuos de mediana edad, piensan en exceso incluso más que los ancianos (aquellos mayores de 65 años).

¿Qué puede ser responsable de esto? Hay 4 posibles tendencias culturales que pueden ser responsables:

- Obsesión por el derecho: Muchos hoy en día tienen un sentido de derecho sobredimensionado. Tienen derecho a ser ricos, exitosos y felices y, como tal, nadie puede impedirles obtener lo que merecen. Así, la mayoría de las personas se preocupan porque no están obteniendo lo que merecen, y tratan de averiguar qué les está frenando. Tal actitud de sobrepensamiento ha convertido a muchos en una bomba de tiempo, lista para explotar ante la más mínima provocación.

- El vacío de valores: La mayoría de las personas hoy en día, especialmente los jóvenes, han cuestionado todos los valores que sus padres les transmitieron, como la religión, la cultura y las normas sociales. Por lo tanto, estos quedan con solo unas pocas opciones y, sin valores, esa persona terminará cuestionando cada elección que haga y seguirá preguntándose si tomó la decisión correcta. (Esto también puede llevar a la sobrepensación).

- Cultura del ombligo: La cultura moderna y la psicología popular a menudo fomentan que las personas sean más expresivas y desarrollen más autoconciencia. Sin embargo, la mayoría de las personas a menudo llevan esto al extremo, volviéndose excesivamente egocéntricas, se sobreanalizan a sí mismas y a sus sentimientos. Muchas personas desperdician demasiado tiempo "mirando sus ombligos," reflexionando sobre el significado de cada cambio emocional.

- La necesidad compulsiva de soluciones rápidas: El siglo XXI está lleno de personas que tienden a buscar soluciones rápidas, en lugar de tomarse el tiempo para resolver las cosas gradualmente. Por ejemplo, si alguien está triste o angustiado, puede recurrir a alguna salida rápida, como beber alcohol, ir de compras, tomar medicamentos recetados, practicar un nuevo deporte o pasatiempo, o realizar alguna otra actividad. En resumen, las soluciones rápidas solo proporcionan una solución temporal (o incluso una solución incorrecta).

Síntomas de sobrepensar

Tener una lista bien definida de síntomas de sobrepensamiento puede ser bastante útil. De hecho, la conciencia es tu mejor defensa, te ayudará a saber cuándo estás en la zona de peligro, y no estar en guardia es muy peligroso para tu bienestar mental.

Estar atento a los siguientes síntomas puede ayudarte a realizar una prueba de trastorno de pensamiento excesivo. Si observas que estás experimentando el trastorno de pensamiento excesivo, puedes notar uno o más de los siguientes síntomas:

- Cuando no puedes dormir: Intenta con todas tus fuerzas descansar decentemente, pero tu mente no se apaga. Entonces surge la agitación y las preocupaciones.

- Si te automedicas: La investigación sobre el trastorno de pensamiento excesivo ha demostrado que quienes lo padecen a menudo recurren a la comida, el alcohol, las drogas o cualquier medio para modular sus sentimientos.

- Suele estar cansado: El cansancio puede ser el resultado de insomnio, o debido a pensamientos repetidos que agotan tu fuerza.

- Quieres tener el control de todo: intentas planificar todos los aspectos de tu vida hasta el más mínimo detalle. Pero la verdad es que hay un límite a lo que puedes controlar.

- Te obsesionas con el fracaso: El miedo al fracaso te ha convertido en un perfeccionista y a menudo imaginas lo mal que saldrán las cosas si no resultan bien.

- Temes el futuro: En lugar de emocionarte por lo que el futuro depara, estás atrapado en tus pensamientos.

- Dudas de tu propio juicio: Reconsideras cada decisión que tomas, desde lo que vistes, hasta lo que dices y cómo te relacionas con los demás.

- Tienes dolores de cabeza por tensión: Podrías experimentar dolores de cabeza por tensión crónicos como si tuvieras una banda apretada alrededor de las sienes. Además, también podrías sentir dolor o rigidez en la región del cuello. Todos estos son signos de que necesitas un largo descanso.

Si alguno de los signos anteriores sucede con demasiada frecuencia, los psicólogos dirán que eres un pensador excesivo o un rumiador. Según los psicólogos, el sobrepensar puede afectar el rendimiento, causar ansiedad o incluso llevar a la depresión.

Peligros de ser un pensador excesivo

Si todavía te sientes mal por un error que cometiste hace semanas o estás ansioso por mañana, la realidad es que pensar demasiado en todo puede afectar negativamente tu salud. No poder liberarte de tus preocupaciones te llevará a un estado de angustia persistente.

Es cierto que todos sobrepensamos las situaciones de vez en cuando. Pero esto es diferente de ser un verdadero sobrepensador, alguien que lucha por silenciar su constante bombardeo de pensamientos.

Tres peligros de ser un pensador excesivo:
1. **Aumenta tus posibilidades de enfermedad mental:** Según un estudio de 2013 que se publicó en el Journal of Abnormal Psychology, los informes muestran que reflexionar en exceso sobre tus errores, faltas y desafíos puede aumentar tu riesgo de enfermedad mental.

La rumia es perjudicial para la salud mental y puede sumergir a uno en un ciclo vicioso del cual es difícil liberarse, y a medida que tu salud mental se desploma, tiendes a rumiar más.

1.
   Interfiere con la resolución de problemas. Informes de varios investigadores han demostrado que los que piensan en exceso siempre suponen que al repasar sus problemas en su cabeza, se están ayudando a sí mismos. Pero esto no es cierto en absoluto; más bien, muchos estudios han demostrado que tales acciones pueden llevar a la parálisis por análisis.

Cuando sobreanalizamos todo, puede interferir con nuestra capacidad para resolver nuestros problemas. Terminarás perdiendo tiempo pensando en el problema en lugar de en la posible solución.

También afectará el sencillo proceso de toma de decisiones, como elegir qué ponerse para el Día de Acción de Gracias o decidir cuándo irse de vacaciones. La parte dolorosa es que pensar demasiado no te ayudará a tomar una mejor decisión.

1.
   Afecta tu sueño: Como una persona que piensa en exceso, es probable que entiendas este hecho bastante bien. Cada vez que tu mente se niega a apagarse, entonces no habrá sueño esa noche.

Los estudios respaldan este hecho, y hay evidencia de que la ansiedad y la rumiación llevarán a tener menos horas de sueño. Es más probable que pases horas dando vueltas en la cama antes de que finalmente te quedes dormido.

Dormir una siesta más tarde puede no ayudar en absoluto, la ansiedad y el exceso de pensamiento afectan la calidad del sueño que obtendrás, las posibilidades de caer en un sueño profundo después de haber estado pensando son muy escasas.

Tres tipos de sobrepensar

1. Rumiendo y desvariando: Este es el tipo más común y a menudo resulta de alguna percepción de agravio que te hicieron. Puedes sentir que fuiste tratado injustamente y, como tal, estás obsesionado en exceso con tomar venganza. Aunque puedes tener razón al sentirte ofendido, el exceso de pensamiento te impedirá ver lo bueno en los demás; más bien, solo los verás como villanos. Dichos sentimientos pueden resultar en actos autodestructivos e impulsivos de venganza. Por ejemplo, cuando se rechaza en una entrevista de trabajo, un pensador excesivo puede comenzar a ver a los evaluadores como sesgados o estúpidos e incluso puede considerar demandar a la empresa por posible discriminación.

2. Pensamiento excesivo con vida propia: Este también es otro problema serio de los que piensan en exceso. Un estímulo simple puede llevar a un ciclo continuo de pensamientos negativos viciosos y posibilidades interminables, cada una más maligna que la anterior. Tomemos, por ejemplo, a un pensador excesivo que comienza a preguntarse por qué se siente deprimido y a partir de ahí, pasa a pensar en estar con sobrepeso, por qué no debería mantener amigos cercanos, por qué lo tratan mal

en el trabajo y por qué no es amado en casa. Para él, todos estos sentimientos negativos parecen verdaderos, incluso los pensamientos imaginarios. Tales sentimientos negativos pueden llevar a malas decisiones, como pelearse con su esposa o amigos o incluso renunciar a su trabajo.

3. Sobrepensamiento caótico: Este es un tipo de sobrepensamiento que se caracteriza por preocupaciones y inquietudes aleatorias y no relacionadas. Esto puede ser mental y emocionalmente paralizante porque estas personas están confundidas acerca de la verdadera causa de cómo se sienten. Con mayor frecuencia, tales individuos recurren al abuso de drogas o alcohol, solo para escapar de sus pensamientos.

Capítulo 2: Ansiedad y sobrepensamiento.

Uno de los signos aterradores de cualquier forma de trastorno de ansiedad es la propensión a sobrepensar todo. La ansiedad y el sobrepensar pueden ser llamados socios malignos. Un cerebro ansioso siempre está hipervigilante y alerta ante cualquier posible peligro. Probablemente alguien te haya acusado alguna vez de siempre crear problemas para ti mismo a partir de temas insignificantes. Personalmente, creo que en realidad son problemas. ¿Cómo así? En pocas palabras, la ansiedad te hace sobrepensar cualquier cosa y todo. Siempre que estamos ansiosos, sobrepensamos las cosas de diversas maneras, y el producto de nuestro sobrepensar no suele ser beneficioso. Sin embargo, la ansiedad y el sobrepensar deberían ser temporales y no deberían ser una característica permanente de nuestra existencia.

Maneras en que la ansiedad causa sobrepensamiento

El producto final de varios tipos de ansiedad es pensar demasiado en todo. Hay varios términos para describir cómo la ansiedad lleva a sobrepensar. Es posible que esta lista genérica te ayude a recordar pensamientos acelerados específicos que puedes haber experimentado o es probable que estés experimentando y, así, ayudarte a darte cuenta de que hay miles de otras personas enfrentando el mismo problema.

- Estar demasiado preocupados por quiénes somos y cómo nos ven los demás o si estamos a la altura del estándar del mundo (esto es una forma de ansiedad social y de rendimiento).
- Obsesionándose con lo que deberíamos decir/dijimos/deberíamos haber dicho/no deberíamos decir (otra ansiedad social común).
- Pensando en posibles escenarios aterradores como: ¿qué pasaría si algo malo nos sucediera a nosotros, a nuestros seres queridos o incluso al mundo? (una forma común de trastorno de ansiedad generalizada).
- Temores, resultados asumidos de nuestros propios pensamientos salvajes, defectos asumidos y sentimientos de incompetencia (todas formas de trastornos de ansiedad).
- Ansiedad por múltiples pensamientos obsesivos, en su mayoría aterradores, y pensar en ellos continuamente (una forma de trastorno obsesivo-compulsivo).
- Pensar, sobrepensar, pensamientos vagos, una cadena desordenada de ansiedad y pensamientos específicos (todas formas de trastornos de ansiedad).
- Miedo a experimentar ataques de pánico en

público y sentirse demasiado asustado para salir de casa debido a esa ansiedad (una forma de trastorno de pánico con/sin agorafobia).

Resultado de la ansiedad y el pensamiento excesivo

Cuando estás ansioso, los pensamientos no solo corren por tu cerebro y desaparecen, sino que corren por tu cerebro de manera continua. Esos pensamientos se pueden comparar con un atleta corriendo en una cinta de correr, sigue corriendo pero no llega a ningún lado, quedando al final con nerviosismo y cansancio. Uno de los efectos secundarios de pensar en exceso relacionado con la ansiedad es que es probable que terminemos tanto física como emocionalmente agotados. Tener episodios de los mismos impulsos ansiosos corriendo por nuestro cerebro definitivamente pasará factura.

Otro lado oscuro de la ansiedad y la sobrepensación es que, tarde o temprano, comenzaremos a percibir todo lo que pasa por nuestra mente como realidad. Quizás creamos que lo que pensamos se convierte en realidad y si pensamos en ello constantemente, se vuelve muy real. ¿Cierto? No. Este es uno de los trucos que la ansiedad intenta jugar en nuestras mentes.

Pero la buena noticia es que todos tenemos la capacidad y el poder para evitar sentir ansiedad y pensar en exceso sobre todo. Aunque este es un proceso que implica múltiples pasos, en este momento, el mejor paso que puedes dar es encontrar algo que te distraiga de pensar en exceso. En lugar de luchar con tus pensamientos, desvíe suavemente tu atención hacia algo neutral, algo completamente diferente. Al reflexionar sobre algo que no tiene importancia, estarás previniendo indirectamente pensar en exceso sobre todo.

El efecto del "levadura"

El sobrepensar tiene un "efecto de levadura" en tus pensamientos. Así como una masa, tu mente puede amasar pensamientos negativos y, antes de que te des cuenta, se duplicará en tamaño. Por ejemplo, si un cliente está insatisfecho con tus servicios, puedes empezar a preguntarte si todos los demás clientes también están insatisfechos sin pensar que probablemente la mayoría de los clientes en realidad podrían estar satisfechos con tus servicios. Si no se tiene cuidado, con el tiempo, podrías llegar a la desalentadora conclusión de que tus servicios no son lo suficientemente buenos. Tus pensamientos incluso pueden llevarte de vuelta a tu matrimonio y podrías comenzar a preguntarte si tu pareja está satisfecha contigo o si eres lo suficientemente bueno para ella o no. Piensas en lo perfecta que es, cómo maneja todo de manera impresionante y concluyes que eres totalmente indigno de ella.

El efecto de "lente distorsionada"

Otro efecto de pensar en exceso es lo que se llama el efecto de la "lente distorsionada" y lo que esto significa es que tus pensamientos solo se enfocan y magnifican tus defectos o tu lado negativo y lo que tus pensamientos ven es solo desesperanza. Por ejemplo, cuando tu hijo vuelve a casa de la escuela con una mala nota o se pelea, puedes preocuparte de que está creciendo mal. En poco tiempo, comenzarás a verte a ti mismo como un mal padre y que más adelante, en el futuro, tus hijos terminarán convirtiéndose en malos adultos.

Lo que no es la sobrepensación

Preocuparse es muy diferente de sobrepensar. La gente a menudo se preocupa por cosas que pueden o podrían suceder o posiblemente salir mal. Los sobrepensadores; sin embargo, hacen más que solo preocuparse por el presente, también se preocupan por el pasado y el futuro. Mientras que los preocupados piensan que podrían ocurrir cosas malas; los sobrepensadores piensan hacia atrás y están muy convencidos de que algo malo ya ha sucedido.

Las personas con trastorno obsesivo-compulsivo (TOC) también son diferentes de la rumiación. Aquellos con TOC están obsesionados en exceso con todo o con cada factor externo, como la suciedad o los gérmenes, por lo que sienten que tienen que lavarse las manos repetidamente para mantenerse sanos. Tales personas se obsesionan con acciones muy específicas y otros asuntos que parecen triviales o absurdos para el resto del mundo, como "¿Cerré la puerta?"

En conclusión, pensar en exceso definitivamente no es "pensar profundamente." Si bien es saludable estar en sintonía con los propios sentimientos para examinar las propias acciones; pensar en exceso, por otro lado, es poco saludable.

Cómo dejar de sobrepensar todo

Ya sea que no hayas comprado un coche nuevo en los últimos 5 años porque no has encontrado el perfecto o no has sido productivo porque cada decisión que tomas consume tanto tiempo, sobrepensar puede retrasar tu progreso.

Con gusto, puedes superar la sobrepensación y volverte más productivo. En los próximos 27 capítulos, hay diferentes pasos que se han desglosado para ayudarte a dejar de sobrepensar todo. Al aplicar nuevas técnicas y aprender nuevas habilidades, podrás tomar decisiones buenas y oportunas con poco o ningún estrés.

Capítulo 3: Intenta detenerlo antes de que empiece.

Encárgate de tus pensamientos antes de saltar al oscuro abismo de la sobreanálisis; es imperativo que primero aclares sobre qué estás realmente sobreanalizando y también reflexiones sobre las formas negativas en que la sobreanálisis está afectando tu vida. Tal claridad te ayudará a fortalecer tu determinación para luchar contra la tendencia a sobreanalizar.

Creencias Limitantes

Lo primero que debes hacer es elegir las preguntas de "qué pasaría si" que probablemente te harás. Tales preguntas son estímulos automáticos para la sobrepensación.

Pregúntate:

- ¿Cuáles son las comunes preguntas de "¿qué pasaría si?" que suelo hacerme?
- ¿Qué circunstancias o situaciones suelen desencadenar estas preguntas?

Puede ser que estés pensando demasiado porque a menudo

haces las preguntas equivocadas. La mayoría de las veces, en lugar de buscar soluciones al problema, estás ocupado pintando escenarios de "qué pasaría si" en tu mente, preguntándote sobre todas las posibles cosas negativas que pueden ocurrir.

Así que, respira hondo e intenta identificar todas las preguntas de "qué pasaría si" que a menudo te haces. También, intenta detectar circunstancias específicas que probablemente desencadenen tales preguntas.

El siguiente paso es profundizar en cualquier creencia limitante que puedas tener y tratar de comprender mejor algunos de los efectos que tales pensamientos tienen en tus preocupaciones.

Pregúntate:

- ¿Cuáles son mis "pensamientos" sobre pensar demasiado?
- ¿Cómo afectan tales creencias las elecciones y decisiones que tomo?
- ¿Tienen tales pensamientos alguna ventaja?
- ¿Cuáles son los efectos secundarios a largo plazo de tales creencias?

Cuando piensas demasiado en algo, es una evidencia clara de que te aferras a un cierto conjunto de creencias que están afectando cómo piensas y cómo respondes en una situación así. Para enfrentar la realidad, te aferras a tales creencias porque sientes que te son ventajosas. Probablemente, sientes que son ventajosas porque te dan una sensación de control sobre ciertas circunstancias o áreas específicas de tu vida. Pero, lamentablemente, tales creencias te están perjudicando porque te impiden lidiar con las principales razones por las que piensas demasiado y eso es un problema serio en sí mismo.

La mejor manera de conquistar tus creencias limitantes es desafiarlas de frente. A continuación se presentan algunos ejemplos de ciertas preguntas que puedes hacerte:

- ¿Por qué creo que no puedo controlar el pensamiento excesivo?
- ¿Por qué creo que pensar demasiado es beneficioso?
- ¿Hay alguna evidencia que respalde tales pensamientos?
- ¿Es la evidencia creíble y confiable?
- ¿Es posible que pueda ver esta situación desde otro ángulo?
- ¿Tengo alguna evidencia que contradiga mis creencias sobre esto?
- ¿Qué me dicen estos sobre mi mala costumbre de sobrepensar?

Si dedicas más tiempo a cuestionar diligentemente tus creencias limitantes sobre el sobrepensamiento, descubrirás que tal pensamiento profundo es beneficioso, ya que detectarás más vacíos y todo esto te facilitará abandonar tales creencias y, por lo tanto, fortalecer tu determinación para seguir buscando soluciones a tus problemas.

Todos los pensamientos que llevan a la sobrepensación son

simplemente problemas que necesitas resolver. Pero, si estás constantemente nadando en una piscina de preocupaciones incontrolables, nunca podrás resolver tus problemas.

Estrategias de afrontamiento poco útiles

En este momento, tómate un momento para reflexionar sobre algunas de las estrategias que usas regularmente para afrontar tus pensamientos, luego,

Pregúntate:

- ¿Cuáles son las estrategias que empleo para lidiar con mis pensamientos?
- ¿Qué hago para evitar mis preocupaciones?
- ¿Cuáles son algunas estrategias que he intentado para controlar mis pensamientos?
- ¿Suelo suprimir mis pensamientos? Si es así, ¿cómo?
- ¿A menudo intento distraerme de mis preocupaciones? Si es así, ¿de qué maneras específicas?
- ¿Cómo suelo manejar mis preocupaciones?
- ¿De qué manera específica me ayudan todas estas estrategias de afrontamiento?

- ¿Cómo me afectan estas estrategias de afrontamiento?
- ¿Cuáles son algunas mejores formas de manejar mis preocupaciones?

Obtener tal claridad sobre las estrategias comunes que utilizas regularmente para manejar tus preocupaciones te ayudará a recibir comentarios valiosos que podrás usar de manera efectiva para controlar tus preocupaciones en el futuro.

Prepárate para entrenar tu mente para establecer una relación saludable con tus pensamientos.

Tus pensamientos son definitivamente diferentes de la realidad. Sin embargo, tus pensamientos pueden tener un fuerte impacto en ti en la vida real, dependiendo de cómo los veas.

Descarta el dicho de que eres tus pensamientos. Más bien, busca formas de establecer una conexión con tus pensamientos y mantener una relación saludable con ellos.

Si observas que un pensamiento particular sigue apareciendo en tu mente, puedes hacerte estas preguntas:

- ¿Percibo este pensamiento solo como una construcción mental o creo que es la realidad?
- ¿Me mantienen esos pensamientos despierto toda la noche, o simplemente los dejo ir?

- ¿Acepto los pensamientos tal como vienen o intento cambiarlos?
- ¿Estoy abierto a otras ideas o simplemente me encierro de ellas?
- ¿Qué pensamientos despierta en mí este pensamiento?

Después de plantear tales preguntas, espera a que surjan las respuestas— aunque las respuestas pueden no ser obvias al principio, plantear tales preguntas es muy importante. Poco a poco, podrás relacionarte con tus pensamientos.

Puedes simplemente preguntar, "¿Pero esto es verdad?"

La mejor clase de relación que puedes establecer con tus pensamientos es una que esté llena de aceptación y, a la vez, una medida de distancia saludable. Lo que esto significa es que estás abierto a cualquier pensamiento y no intentas actuar como si no existieran; sin embargo, también puedes intentar, en la medida de lo posible, no dejar que te arrastren hacia abajo.

Por ejemplo, si tuviste una mala experiencia con un mal cajero, puedes comenzar a pensar que las cosas en realidad podrían ser mejores si solo hubieras ido a otra caja, pero no necesitas creer tales interpretaciones mentales porque son meras suposiciones y no la realidad última. ¿Cuáles son las posibilidades? Probablemente esta persona en particular es un maravilloso cajero que simplemente está teniendo un mal día y tal vez si hubieras elegido la otra fila, aún estarías en la cola. Tales pensamientos te mantienen abierto a las posibilidades.

Cuando te elogias a ti mismo o reconoces que sientes que lo

hiciste bien, tiendes a disfrutar de esos sentimientos. Por ejemplo, cuando te dices: "¡Bien hecho, yo! ¡Lideré al equipo hasta la cima!" Sin embargo, esto no significa que tu rendimiento en el próximo juego será el mismo. Tampoco te convierte en una "mejor persona" porque tu autoestima no está vinculada a lo bien que puedes liderar un equipo.

Siempre desafía tus pensamientos. Aprende a identificar y detener cualquier pensamiento adicional.

Capítulo 4: Enfoque en la Solución Activa de Problemas.

Las formas activas de resolver problemas son una de las habilidades más valiosas que necesitamos, pero rara vez pensamos en ellas en nuestras ajetreadas vidas diarias. Más bien, a menudo enfocamos nuestra atención en tratar de abordar las diversas emociones difíciles que enfrentamos. Es cierto que también necesitamos habilidades de afrontamiento para limitar el pensamiento excesivo, pero es igualmente importante que nos armemos con habilidades que podamos usar para gestionar o enfrentar problemas que causan sobrepensamiento. Este es el papel que desempeñan las habilidades activas de resolución de problemas.

Necesitamos entender que hay ciertas circunstancias que están fuera de nuestro poder y que no podemos cambiar. Así, pensar en exceso sobre este tipo de circunstancias no es de beneficio. Sin embargo, no tienes que dejar de buscar maneras de resolver otros problemas simplemente porque no puedes ver una solución obvia.

Necesitamos entender la diferencia entre habilidades productivas de resolución de problemas y el pensamiento excesivo. Algunas de las características del pensamiento excesivo incluyen lo siguiente:

- Te hace repetir los mismos pensamientos una y otra vez.

- Te hace seguir buscando "soluciones" a problemas que sabes que no tienes el poder de cambiar.
- Te hace centrar tu atención en cambiar cosas que ya sucedieron en el pasado.

Sin embargo, las habilidades para resolver problemas tienen las siguientes características:

- No te hace pensar en lo mismo una y otra vez.
- Termina produciendo soluciones alternativas, la mayoría de las cuales están dentro de su capacidad para ejecutar.
- Te hace sentir positivo y sentir que estás logrando algo valioso incluso antes de que se encuentre una solución.

¿Qué es la resolución activa de problemas?

A menudo es más efectivo y beneficioso centrarse en intentar resolver el problema en cuestión que en tratar de controlar cómo te sientes acerca del problema. Enfrentar tus problemas de frente te ayudará a ganar control sobre tu vida con menos estrés. Este proceso de manejar problemas se conoce como resolución activa de problemas. Se enfoca en hacer esfuerzos activos para resolver el problema desde la raíz, en lugar de pasar por alto el problema.

Sin embargo, este procesamiento no es tan fácil como

parece. Enfrentar nuestros problemas directamente puede ser muy difícil en ocasiones. Esto se debe a que tienes que confrontar tus miedos, abordar conflictos o, a veces, salir de tu zona de confort hasta que se resuelva el problema. Pero la resolución activa de problemas en realidad tiene beneficios a largo plazo porque ayuda a reducir la incomodidad futura, ya que el problema ya no está perturbando tu mente.

Preguntas que hacerte a ti mismo

Hay varias razones por las que necesitas hacerte estas preguntas. Puede ser que tengas dudas sobre los movimientos empresariales que planeas realizar, o que enfrentes algunos desafíos en tu relación; encontrar respuestas a estas preguntas te ayudará a saber si eres el tipo que piensa de más o el que resuelve problemas.

- ¿Siempre me concentro en el problema o busco una solución? Considerar diversas maneras de salir de deudas puede ser útil. Pero centrar tu atención o preocuparte por lo que sucederá si eventualmente te quedas sin hogar debido a tu situación financiera no es el camino a seguir.

- ¿Hay una solución para este problema? Es bueno aceptar el hecho de que no todos los problemas pueden ser resueltos. Por ejemplo, un ser querido con una enfermedad terminal, o un error que ya cometiste en el pasado no se puede deshacer. Sin embargo, aún puedes controlar cómo respondes a tales situaciones. La resolución de problemas puede implicar aprender a sanar tus emociones o un procedimiento real de resolución de problemas. Pero el sobrepensar, por otro lado, implica reexaminar cosas que ya sucedieron o desear que las cosas fueran diferentes.

- ¿Qué lograré al pensar en esto? Suponiendo que estás revisando un evento pasado para obtener una nueva perspectiva o aprender de él, esto podría ser útil. Pero si lo único que haces es recrear tus errores, volver a discutir una conversación pasada o simplemente imaginar todas las cosas que pueden salir mal, entonces estás sobrepensando.

¿Cuándo es efectiva la resolución activa de problemas?

En la vida, hay algunas situaciones que no podemos controlar. En este tipo de situación, ningún plan activo de resolución de problemas puede cambiar las cosas. Todo lo que tenemos que hacer es soportar y luego seguir adelante.

No puedes resolver un problema que no tienes controlado. La mayoría de estos problemas tienen que ver con las decisiones de otras personas. Por ejemplo, tu hermana acaba de tomar la decisión de casarse con su amante de mucho tiempo y tú, por otro lado, estás en contra de la decisión. Ahora, la decisión no es tuya para tomar, así que no puedes controlar la situación. Por lo tanto, no puedes resolverlo.

Mirando otro escenario, en el que la calefacción de tu casa no está funcionando y eso ha causado un problema entre tú y tu arrendador. Esta situación puede ser resuelta mediante una resolución activa de problemas porque está bajo tu control o puedes decidir soportar la casa fría utilizando habilidades enfocadas en las emociones.

Cómo utilizar la resolución activa de problemas

Evalúa la situación Ciertas cosas nos afectan a diario; algunas personas se obsesionan tanto con ellas que les roba su alegría y felicidad. Cuando nos encontramos con problemas como estos, primero debemos evaluar la situación. Antes de manejar cualquier problema, tendrás que evaluar el problema en cuestión. Considera si puedes controlar el resultado de los acontecimientos, si el problema se puede resolver o soportar. Si se puede resolver, ¿cómo puedes hacerlo? Todo esto, teniendo en cuenta, te ayudará a manejar mejor las situaciones o problemas.

Determine el curso de acción más efectivo. Después de la primera etapa, donde evalúas la situación y te das cuenta de que se puede resolver. La siguiente etapa es elegir la medida más apropiada para abordar el problema.

Tomando la ilustración del problema entre propietario e inquilino mencionado anteriormente, hay diferentes maneras de resolver ese problema. Una forma de abordarlo es gritarle al propietario y asegurarte de que su vida sea un infierno viviente hasta que arregle la calefacción. La otra opción puede ser escribir una carta a tu propietario, explicando el problema que estás enfrentando con la calefacción, luego documentas una copia para ti mismo. Sin embargo, esto debe hacerse basándose en los derechos del inquilino en tu provincia. Ahora, hay dos opciones que pueden solucionar el problema, pero ¿cuál es la más apropiada?

La primera opción puede parecer más fácil y rápida, pero piensa en las consecuencias. Ningún propietario estará contento con tal reacción y esto puede crear más problemas para ti. Sin embargo, la última es el curso de acción más efectivo.

Puede ser difícil tomar decisiones solo, especialmente cuando las emociones están involucradas. Por lo tanto, busca el consejo de buenos amigos o terapeutas que puedan ayudarte a ver mejores opciones.

Convierte el exceso de pensamiento en solución de problemas. ¿Cuál es la necesidad de sobrepensar cuando puedes resolver el problema? El exceso de pensamiento no te hace bien, más bien consume la energía que habrías utilizado para resolver el problema y alcanzar un propósito. Sé muy consciente de detenerte cada vez que te veas obligado a sobrepensar. Por lo tanto, en lugar de desperdiciar tu tiempo y energía preocupándote, úsalo para la resolución activa de problemas. Esto no solo te dará tranquilidad, sino que también podrás deshacerte de algunos problemas.

Conoce la diferencia entre resolver problemas y preocuparse.

Capítulo 5: Considera el Escenario de Peor Caso.

Parece un poco impráctico, ¿verdad? Cuando estás totalmente asustado y agobiado por el estrés, una cosa que no querrás hacer es pensar en el peor escenario posible. ¿Verdad?

Nuestra mente nos cuenta historias convincentes. Nuestros pensamientos son lo suficientemente poderosos como para decidir lo que hacemos o no hacemos. Un método para controlar el pensamiento excesivo es imaginar el peor escenario posible.

Si estás sobrepensando, habrá un aumento en tu esfuerzo mental y esto influirá negativamente en tu rendimiento. Hacer planes para una situación difícil asegura que estés preparado para cualquier sentimiento horrible durante el transcurso del evento, por lo que te estás preparando para maximizar todo tu potencial.

Para redirigir tus pensamientos hacia unos más positivos, aquí hay tres afirmaciones personales cortas. Al usar una o más de ellas, puedes lograr la calma y continuar.

"Actualmente no está sucediendo." Claro, es definitivamente probable que ocurra un evento desafortunado, pero actualmente no está sucediendo. Esta afirmación puede ayudarte a tomar conciencia de que, en este momento, no estás herido.

"No importa lo que pase, puedo manejarlo." Esta frase te hace tomar conciencia de tus recursos internos y te motiva a superar los problemas de la vida. Esta idea proviene de la tradición de la Terapia Cognitivo-Conductual.

"Soy responsable de mis problemas. ¿Puedo ponerle fin? La primera parte de esta frase se originó en las Cuatro Nobles Verdades del Budismo. Algunas veces, me digo a mí mismo "¡Soy responsable de mis problemas! ¡Otra vez!" Utilizo esta frase tan a menudo que ahora la he acortado a "responsable de mis propios problemas." Esto me ayuda a ahorrar tiempo.

La segunda parte de la frase, "¿Puedo ponerle fin?", tiene su origen en estudios motivacionales que aconsejan que es más probable que te sientas alentado al hacerte una pregunta, en lugar de decir: "Puedo ponerle fin a esto", o juiciosa - "Evita causar más problemas para ti mismo" - esto solo crea problemas adicionales. La simple pregunta, "¿Puedo ponerle fin a esto?" te hace consciente de que depende de ti tomar esa decisión. Definitivamente, si hay un evento desafortunado que probablemente suceda, tal vez una muerte en la familia, un divorcio o un desastre natural, lo ideal será preguntarte: "¿Cuál es la mejor manera de prepararme en caso de que esto suceda?". Hacer preparativos para tu plan de acción puede ser un alivio para la preocupación.

Si eres responsable de tus propios problemas al hacerte preguntas del tipo "¿y si...?", admite esos pensamientos, consuélate con alguna de esas afirmaciones mencionadas anteriormente y luego sigue adelante. Si descubres que tus pensamientos se desvían hacia tus pensamientos trágicos favoritos, no te desanimes. Hacer cambios en tus hábitos de pensamiento puede ser difícil y es normal tener deslices. En realidad, controlar los pensamientos trágicos es un proyecto que puede durar toda la vida. Sin embargo, las afirmaciones positivas pueden ayudarte a superar los "¿y si...?" muy rápidamente, para que puedas concentrar tus pensamientos en las cosas que son importantes para ti.

Qué hacer al considerar el peor de los escenarios

Dado que soy un verdadero hijo de mi madre, pensar en el peor escenario posible me resulta natural. ¿Cómo podemos prevenir esto, dado que ese tipo de pensamiento está arraigado en nuestro ADN?

Así que....

- Sé consciente de que tu peor momento es solo tu peor momento. Lo que consideras tu peor escenario posible se basa exclusivamente en tus experiencias y conocimientos personales. Hablando estrictamente, siempre hay alguien que está enfrentando una situación más terrible. Así que, lo que tú consideras lo peor puede que ni siquiera sea el peor escenario posible.
- Sabe que no conoces lo peor. No creas que conoces lo peor. Hace mucho tiempo, mi madre me dijo que ella creó el peor escenario posible que puede suceder. Y como le dije a mi madre, es difícil pensar en TODAS las posibilidades. Deja de intentar, simplemente es imposible.
- Reorienta tu energía. Puede ser muy agotador imaginar todos los peores escenarios posibles. Si

gastas tanta energía en pensar, no queda energía para realmente tomar acción. Así que canaliza tu energía de "¿Qué pasaría si?" en concentrarte en dar pasos.

- Acepta lo peor. Lo peor puede suceder y puede ser terriblemente horrible. No estás aprendiendo si no estás herido. Así que si el peor de los casos ocurre, acéptalo y aprende de ello.

Por qué deberías considerar el peor de los escenarios

A veces, cuando llegamos a la raíz de nuestro mayor miedo, nos damos cuenta de que no es tan aterrador. Si te ves obligado a ser innovador, tu sufrimiento puede dar resultados positivos, crear una solución y ayudar a superar tus desafíos.

Hay algunas razones por las que esto es efectivo para muchas personas:

- Te permite volver al momento presente. La mayoría de las veces, cuando sentimos miedo, es porque permitimos que nuestra mente divague con todos los posibles escenarios. Pensar en la peor posibilidad y aceptar la situación ayuda a traerte de vuelta al momento presente.

- Crea el espacio necesario para evaluar tus pensamientos y sopesar las posibilidades. Cuando evaluamos aquellas cosas que son muy importantes para nosotros, podemos proporcionar una explicación para el miedo preguntándonos: "¿Cuáles son las posibilidades de que esta cosa que me da miedo realmente suceda?" También puedes evaluar tus pensamientos a fondo con algunas preguntas básicas.

- Eventualmente, te permite procesar, con la certeza de que incluso si lo peor llega a suceder, seguirás bien. Para muchos "si," simplemente queremos saber que el siguiente paso que demos no nos llevará a las partes más oscuras de la Tierra. Cuando evaluamos la peor posibilidad, dar ese siguiente paso será más fácil.

Eventualmente, todos estamos tratando de garantizar nuestra seguridad y nuestra respuesta fisiológica al estrés es una excelente herramienta. Aunque, es importante evaluar el estrés para estar seguros de que la peor posibilidad es en realidad la peor y la mejor manera de enfrentar los problemas es proponer soluciones.

Aprende a moverte de acuerdo con el flujo, ríndete al viento, gira hacia un lado y toma el control.

Capítulo 6: Programa tiempo para pensar.

Pensar y sobrepensar son dos cosas diferentes. Pensar es el proceso de considerar ideas, acciones y similares. Es un proceso de examinar y reflexionar sobre posibles reacciones, acciones o ideas. Este acto es muy importante y esencial antes de tomar decisiones. Puede que no sea tan fácil controlar cómo, cuándo y qué pensar, pero esto es muy alcanzable a través de la práctica constante. La práctica siempre conducirá a la perfección.

Tan importante como es pensar, aún tenemos que controlar sobre qué pensamos, cuándo pensamos y con qué frecuencia lo hacemos. Dejar que nuestras mentes elijan nuestros momentos de pensamiento podría no ser tan saludable, ya que estaremos pensando al azar. Una forma de prevenir esto es programar nuestro tiempo de pensamiento para un período más cómodo y cumplirlo.

El proceso de pensamiento es más adecuado durante el día que por la noche. Esto se debe a que nuestras mentes necesitan descanso, y el momento perfecto para descansar la mente es por la noche, mientras dormimos. Por lo tanto, en lugar de mantener la mente ocupada por la noche, utilízala durante el día para pensar y resolver ciertos problemas. Esto te ayudará a tener un descanso nocturno perfecto. Sin embargo, cuando se trata de fantasiar sobre algo, el momento más adecuado para hacerlo es por la noche y no durante las horas de trabajo cuando necesitas concentrarte.

El overthinking es un hábito que se forma con el tiempo y cambiarlo puede llevar un tiempo. Es un proceso multifacético que requiere mucho más que simplemente decir palabras de determinación. Tienes que estar decidido en tus acciones y programar tiempo para pensar es una de esas acciones que puedes tomar.

Los pasos de "Programar Tiempo para Pensar".

Programar tiempo de reflexión puede parecer muy abstracto para los principiantes, pero mejora con la consistencia. Hay pasos involucrados en hacerlo. A continuación se presentan los pasos o pautas que necesitas seguir. No importa cuán tontos parezcan los siguientes pasos, no detengas el ejercicio.

1. Selecciona un proceso de reflexión que se adapte a tus preferencias. Hay muchas maneras en las que podemos reflexionar sobre las cosas, algunas de estas maneras son: tener un diario, abrirte a alguien en quien puedes confiar, dar un paseo, y muchas más. Si una manera no parece alcanzable, entonces prueba otra pero tómate tiempo para meditar. Cuando tenemos problemas, no deberíamos ignorarlos con charlas incesantes sobre deportes, noticias y moda. Hablar sobre estas cosas no es malo, pero cuando toman nuestro tiempo de reflexión, se convierte en un problema.

2. Programa tiempo de reflexión cada día durante una semana. Forma el hábito de pensar a la misma hora todos los

días durante al menos una semana. Para empezar, puede ser un mínimo de 15 minutos, generalmente por la mañana o durante el día. Tu tiempo de reflexión no debe ser por la noche justo cuando estás a punto de dormir. Esto se debe a que te mantendrá despierto y no tendrás el suficiente sueño que requiere el cuerpo.

3. Comienza pequeño. Como principiante, no tienes que forzarte a tener una hora de reflexión si no puedes mantenerlo. Programar tiempo de reflexión es un proceso. Es una cosa programar tiempo de reflexión, y es otra cosa cumplirlo. Por lo tanto, comienza pequeño, puede ser 10 minutos o menos, siempre que puedas ceñirte al tiempo.

4. No planifiques en qué vas a pensar. Deja que esta cita contigo mismo sea totalmente improvisada. No reserves el tema exacto sobre el que vas a pensar y no programues tu tiempo para que se ajuste a los días o períodos en los que tienes mucho trabajo que hacer. No debe haber una agenda para esta reunión, deja que sea un momento de sorpresa para ti y tus pensamientos.

5. Durante esa ventana de 15 a 30 minutos, anota todos los pensamientos que tengas. Antes de tu tiempo de reflexión cada día, determina que no te preocuparás ni pensarás demasiado en los pensamientos que estás a punto de tener, hasta la próxima sesión de reflexión. Esto te ayudará a mantener tus pensamientos bajo control incluso después del tiempo de reflexión.

A veces, puede que no sepamos qué nos molesta, pero con este paso, estas cosas se revelarán. Se recomienda que durante nuestras horas de reflexión, tratemos de anotar los pensamientos que hemos tenido. Esto ayudará a darnos una visión más clara de lo que nos molesta y lo que no. Antes de que se acabe tu tiempo de reflexión, si tu mente te lleva a las posibles soluciones a tus problemas, entonces está bien, pero si no, no pienses en el problema fuera de tu ventana de reflexión.

6. Entre los tiempos de reflexión. No pienses en tus pensamientos durante el último tiempo de reflexión hasta el siguiente. Esto significa que no debes preocuparte por tus problemas o las soluciones a estos fuera de tu tiempo de reflexión. Esto no es tan fácil como parece, necesitarás acciones deliberadas para evitar preocuparte por ciertos asuntos al azar. Determina firmemente dentro de ti preocuparte por tus problemas solo durante tu tiempo de reflexión programado.

7. Al final de la semana, tómate unos minutos para mirar lo que escribiste a lo largo de esa semana. Al final de cada semana, dedica tiempo a reflexionar sobre tus pensamientos de la semana. Observa los pensamientos recurrentes, los pensamientos que dejaron de aparecer después de un tiempo, los que seguían viniendo, los cambios en tus pensamientos y cada detalle de tus patrones de pensamiento. Medita sobre estos descubrimientos, ya que esto te ayudará a seleccionar los diez primeros de tu lista.

8. Haciendo esto durante una semana, considera intentarlo por otra más. Recuerda que la práctica hace al maestro, un hábito no se forma en un día, pero la consistencia lo hace posible. Practica los pasos anteriores más a menudo y con el tiempo te darás cuenta de que controlas tus pensamientos, dónde, cuándo y con qué frecuencia piensas.

El proceso de pensamiento es muy esencial, como se mencionó anteriormente; es una de las medidas activas para resolver problemas. Es una de las formas de hacer frente a las incertidumbres de la vida. Esta vida está llena de riesgos, no podemos predecir lo que sucederá en los próximos 30 minutos y esto ha llevado a muchas personas a preocuparse por cada pequeño detalle. Sin embargo, en lugar de entregarte a todas las causas de preocupaciones en la vida, puedes pensar en las que puedes resolver y dejar ir las que no puedes.

Entrena tu mente para mantenerte tranquilo y en paz en situaciones.

Capítulo 7: Piensa de manera útil.

La mayoría de nosotros tendemos a sobrepensar situaciones sobre las que realmente no podemos hacer nada. Para ser honestos, es totalmente inútil seguir pensando en estas cosas. Te recomendaría encarecidamente que empieces a pensar de manera efectiva.

Por ejemplo, has estado esperando una promoción en el trabajo. Tienes que recordar que conseguir esa promoción está TOTALMENTE en manos de tu empleador, sin importar qué calificaciones adicionales añadas a tu currículum. Pensar en esto, en este caso, es una pérdida de tiempo y energía mental preguntándote si te promoverá o no.

Al contrario, tu pensamiento debería centrarse en lo que necesitas hacer para calificar para una promoción. Podrías necesitar mejorar tus habilidades, obtener otro certificado, o incluso mostrar más dedicación a tu trabajo. Sea cual sea el caso, ¡piensa en producir resultados, no en lamentarte!

Estoy de acuerdo en que no es fácil romper algunos hábitos de pensamiento, pero liberarte de estos patrones puede desbloquear la ingenio que hay en ti y tengo aquí varias maneras de ayudarte a liberarte de estos patrones de pensamiento.

Prueba teorías. Hay suposiciones esenciales para cada nuevo

caso. Deberías probar estas teorías para una variedad más amplia de oportunidades y perspectivas.

Presumes que no puedes permitirte comprar una casa o incluso hacer un depósito, así que no compras la casa basándote en esta presunción. Prueba esa teoría evaluando tus activos para ver si su valor puede conseguirte esa casa a cambio. Quiero decir, puede que no tengas el dinero en efectivo o en tu cuenta, pero no tomes una acción enorme basándote en una presunción. Pregúntate qué puedes hacer para conseguir el dinero y tal vez no te parezca tan imposible.

Parafrasea el problema. Te sorprenderá descubrir que te vuelves innovador cuando lo expresas de manera diferente. Solo puedes lograr esto con una mente abierta y observando el problema desde distintas perspectivas. Intenta mirarlo desde el exterior, sin sentimientos, para que puedas abordar el problema lógicamente. Pregúntate todas las preguntas difíciles pero importantes y será más fácil idear nuevos planes para solucionar los problemas.

A mediados de los años 50, las empresas que poseían envíos perdieron su carga en los vagones. A pesar de que más tarde intentaron enfocarse en una construcción y desarrollo más rápidos, y en barcos más eficaces, aún no pudieron resolver los problemas. Pronto, un especialista cambió la descripción del problema, hablando de ello de una manera completamente diferente. Sugirió que evaluar las formas en que la industria podría comenzar a disminuir el costo debería ser el nuevo dilema. Esta nueva dirección de enfoque abrió puertas a nuevas estrategias. Cada área, sin excluir los envíos y el almacenamiento, fue deliberada. Finalmente, el resultado de este nuevo enfoque fue lo que se llama un barco portacontenedores y un vagón/caja de carga.

Cambia tus pensamientos. Cuando te quedes atascado y no

puedas resolver un problema, intenta invertirlo o hacer un cambio de perspectivas. Míralo desde el otro extremo. Considera cómo crear el problema y agravar la situación, en lugar de deliberar sobre cómo puedes solucionarlo. Esta estrategia de inversión generará nuevas ideas sobre cómo abordar el caso. Cuando luego pongas el asunto en su lugar, podrías obtener claridad.

Utiliza diversas formas de comunicarte. No siempre tenemos que usar nuestro medio verbal lógico frente a un problema, que es bastante típico en nosotros. Somos demasiado inteligentes para limitar nuestras capacidades de razonamiento. Utiliza otros métodos para articular los temas. En este punto, no te preocupes demasiado por resolver el asunto. Simplemente articula. Varias personas con varios medios de articulación pueden generar muchos nuevos patrones de pensamiento para fomentar nuevas ideas.

Conecta los puntos. Parece que la mayoría de las ideas más efectivas nunca son planeadas, simplemente suceden. Puede ser algo aleatorio que viste o escuchaste que te inspira lo suficiente para dar vida a esa idea brillante. Hay muchos ejemplos que respaldan esto: Apple, Newton, y así sucesivamente.

Podrías preguntarte por qué nos afecta la aleatoriedad de esta manera, es porque estas cosas impredecibles activan nuestros cerebros en nuevos patrones de pensamiento. Por lo tanto, puedes utilizar esto a tu favor y vincular los segmentos desconectados.

Caza deliberadamente un ímpetu incluso en lugares sorprendentes y trata de vincular las piezas desconectadas del caso y el ímpetu. Las formas de construir la red son:

Utiliza consejos no relacionados. ¿Qué tal si seleccionas

aleatoriamente una palabra del diccionario y intentas crear una red entre tu problema y la palabra?

Asocia las ideas probables. Coloca una palabra particular en la página, escribe todo lo que se te ocurra en esa misma página. Luego intenta crear una red entre ellas.

Puedes tomar una foto al azar, por ejemplo, y ver cómo puedes vincularla al caso.

Toma algo, cualquier cosa, y considera cómo puede contribuir positivamente a tu caso haciéndote preguntas vitales para averiguar qué característica tiene el objeto que puede ayudar a cambiar la situación.

Cambia tu perspectiva. Si quieres ideas nuevas, es posible que necesites cambiar la forma en que ves la situación porque, a medida que pasa el tiempo, tener un punto de vista particular solo resultará en las mismas ideas asociadas.

Pide la opinión de otra persona. Las personas son tan diferentes, todos tenemos distintas maneras de abordar una situación. Por lo tanto, pide a otras personas sus opiniones y su línea de acción preferida en el caso. Puede ser un niño, un amigo, un patrón, tu pareja, o incluso un extraño al azar con un estilo de vida completamente diferente y quizás una perspectiva de vida totalmente distinta.

Date un capricho con un juego. Puedes intentar ver las cosas desde el punto de vista de un millonario, por ejemplo, o preguntarte qué haría Obama si fueras él.

Cualquier persona notable que elijas tiene un carácter distintivo, por lo tanto, considera estos atributos y úsalos para abordar el problema desde otro ángulo. Por ejemplo, si asumes el papel de millonario, entonces también puede que tengas que mostrar sus atributos al hacer estrategias.

Atributos como la extravagancia y un negocio aventurero. Alguien como Tiger Woods, por otro lado, será más propenso a mostrar perfeccionismo, tenacidad y una observación cercana de cada detalle del caso.

No solo necesitarás planificar un diseño facultativo, sino que también querrás practicar todos los consejos mencionados anteriormente. El diseño facultativo que propongas puede ayudar a generar una sensación optimista, lo que a su vez mejora tu pensamiento innovador.

Cada vez que sientas que te estás dejando llevar por el exceso de pensamiento, dirige tus pensamientos hacia el pensamiento efectivo y deshazte de cualquier pensamiento que no sea productivo.

Capítulo 8: Establecer límites de tiempo para tomar decisiones.

Todo lo que somos es debido a nuestras decisiones. Las amistades, la salud, o incluso nuestra vocación y cada otra cosa que nos hace quienes somos hoy son nuestra capacidad o incapacidad para tomar decisiones, y las elecciones que ya hemos hecho. Dicho esto, es lamentable que mucha gente aún le cueste tomar decisiones. Incluso si todo lo demás parece ir bien para nosotros, cuando la situación se complica y llega el momento de tomar esa decisión, nos encogemos. Simplemente parece tan difícil decidirse por algo y mantenerse firme en ello.

Cada día, vivimos por las innumerables decisiones que tenemos que tomar, pequeñas o grandes. De eso se trata la vida. El progreso será más alcanzable si podemos desglosar estas grandes decisiones en decisiones pequeñas.

La afirmación de que la mejor decisión es no tomar ninguna decisión es casi siempre inexacta. Las personas indecisas son más propensas a ser controladas por sus vidas en lugar de al revés. Sin control sobre tu vida como resultado de la indecisión, es posible que no seas tan autosuficiente como te gustaría, por lo tanto, necesitas aprender a ser decisivo y tomar el control de tu vida.

La mejor manera de instigar tu hábito de sobrepensar es tener una decisión que tomar con la necesidad de acertar y más que suficiente tiempo para hacerlo. Todo el proceso de contemplar el mejor paso a seguir, considerando todas tus opciones mientras te tomas tu tiempo, es solo una invitación a sobrepensar las cosas. Establecer un límite de tiempo para ti mismo es realmente la forma más efectiva de frenar ese hábito. Se aconseja establecer un límite con un plazo basado en la gravedad o magnitud de la decisión. Asegúrate de detener toda evaluación adicional una vez que se alcance el límite y simplemente selecciona una opción, actúa en consecuencia y procede.

El propósito de este consejo es no dejar oportunidad para la sobrecarga mental y fomentar la acción a través de tu límite de tiempo establecido. Es bastante fácil: simplemente comienza a cronometrarte justo cuando inicias el proceso de análisis para tomar una decisión. Debido a tu conciencia del tiempo, tu análisis de las ventajas y desventajas será más conciso. De hecho, esta técnica es muy fácil y factible.

Si tardas demasiado en tomar decisiones, entonces este consejo es justo lo que necesitas. Puedes establecer el tiempo tan corto como 1 minuto, o tan largo como 5 minutos, o cualquier número intermedio.

Cómo Establecer Límites de Tiempo para Tus Decisiones

- Establece un límite en tu número de opciones. Al intentar tomar una decisión, reduce tus opciones a un máximo de 3 cosas, en lugar de dejar tus opciones amplias, vastas e ilimitadas.
- La Ley de Parkinson (fija un límite en tu tiempo). Cuando estableces un límite de tiempo, te hace

trabajar menos y estresar menos tu cerebro, y simplemente no habrá suficiente tiempo para agotar tu cerebro. El trabajo solo se ajustará para consumir el tiempo disponible.

- Mantén tus opiniones al mínimo. Tres personas para ofrecer sus opiniones son suficientes para ayudarte con tu análisis. No causes confusión para ti mismo, las personas son diferentes, cuantas menos opiniones contradictorias obtengas, más fácil será llegar a una conclusión.

Recordatorio: si encuentras que pides constantemente la opinión de los demás, podría indicar que tal vez no estés tan seguro de lo que quieres, o simplemente puede que no lo quieras en absoluto. Obtener una segunda o tercera opinión de vez en cuando puede ayudarte a verificar una decisión que probablemente ya has tomado.

- Técnica de la servilleta. Debido a que no se puede hacer mucho en una servilleta, es mejor esbozar tu plan en una servilleta primero y encontrarás que solo se dibujarán las cosas más importantes.
- Sé positivo. Cuando aprendes a ver la positividad en cada opción y decisión, entonces podrás aceptar las consecuencias de cualquier manera, sin arrepentimientos. Toma la decisión y luego aprende de ella.
- Técnica de caminar por la tabla. Hazte el voto de hacer algo que odias o que preferirías no hacer si no tomas una decisión dentro del tiempo estipulado. O vas hasta el final o no vas en absoluto.

Establece un límite al número de decisiones que tomas por día.

Para frenar el pensamiento excesivo, dale a tu cerebro suficiente tiempo y espacio para cuando tengas decisiones cruciales que tomar, reduciendo las decisiones menos importantes. Es fácil equivocarse al pensar que reducir decisiones es similar a reducir gastos, pero no puedes estar más lejos de la verdad. La verdad es que el tiempo, sin importar cuán corto parezca, para tomar esas decisiones menos cruciales puede estresar a tu cerebro antes de que incluso plantees las más críticas, reduciendo la capacidad mental de tu cerebro en ese momento. Por lo tanto, es mejor que delegues esas pequeñas decisiones mientras ahorras esa energía mental para las decisiones cruciales. ¡Así que ahorra a tu cerebro el estrés!

Esto se refiere especialmente a esas pequeñas tareas diarias sobre las que necesitas decidir, pero que no son particularmente cruciales.

Es un hecho conocido que Steve Jobs repetía la misma ropa todos los días solo para no tener que pensar en qué ropa ponerse a diario. Justo para que Tim Ferris pueda evitar preguntarse qué comer cada mañana, tiene el mismo tipo de desayuno, aunque saludable, cada mañana. El presidente Obama también restringió sus respuestas por correo electrónico a "de acuerdo", "en desacuerdo" o "discutir" para desconectar su energía mental de estas pequeñas decisiones.

Por lo tanto, de ahora en adelante, al considerar las tareas a asignar, asegúrate de que la energía mental que cuestan esté bien evaluada. Por lo tanto, podemos decir con seguridad que menos sobrepensar se traduce en más crecimiento y desarrollo personal.

Reducir el peso de tu toma de decisiones siempre te recompensará, sin importar cómo decidas hacerlo. Puedes emplear a un asistente virtual para encargarse de todas tus tareas administrativas, o contratar a un freelancer para que se ocupe de una o dos cosas a medida que surjan las necesidades, sin embargo, la delegación rinde frutos.

Pón una fecha límite a tus pensamientos. Limita tu número de decisiones diarias y establece plazos cortos para las decisiones.

Capítulo 9: Considera el panorama general.

La sobrepensación solo magnifica las cosas triviales tanto que causa pánico, y el mundo ya es lo suficientemente aterrador tal como es. Además, la sobrepensación convierte un pequeño problema en un asunto innecesariamente grande.

Cada día, pasamos por una prueba u otra y con el tiempo, nuestras malas experiencias generan miedo. Miedo a la pérdida de un ser querido, o a la pérdida de objetos valiosos, miedo a la insatisfacción y al descontento en la vida, miedo a fracasar en una entrevista y perder un trabajo que ni siquiera has conseguido aún, o miedo a arruinar esa primera cita.

No te dejes limitar y retener por el miedo. No dejes que el miedo te impida alcanzar las alturas que deseas.

No todo saldrá como estaba planeado, pero no te desanimes porque los contratiempos suelen ser indicadores de grandeza aún por desarrollarse. Por lo tanto, al hacer tus planes, necesitas aprender a relajarte y confiar en el proceso. La relación entre la intención y el miedo es la tendencia a tener menos miedo cuando estamos más dispuestos a creer en nuestras intenciones y dejar de lado toda negatividad para enfocarnos en las posibilidades de obtener buenos resultados finales.

Sobrepensar es muy fácil. Es tan fácil dejarse llevar a ese modo de sobreanálisis todos los días, pero necesitas aprender a pausar y mirar la perspectiva general.

Debemos darnos cuenta de que la mayoría de estas cosas que ahora parecen importantes probablemente no serán significativas en unos meses, o en unos años, o a veces incluso en unas semanas.

En el momento en que te das cuenta de que lo que parece ser un gran problema es solo una minúscula mancha en comparación con la visión amplia, entonces tal vez dejarás de magnificarlo.

A continuación se presentan algunos consejos para aclarar las cosas y ayudarte a ver más allá de tus miedos para observar la visión general:

- Pausa y medita. Inmediatamente cuando empieces a sentir que estás sobrepensando, simplemente pausa por un momento para reflexionar sobre las cosas. Luego, hacerse preguntas sencillas pero importantes puede ayudar a poner las cosas en perspectiva. Pregúntate cuál es exactamente el problema. Identificar el problema específico con el que estás teniendo dificultades puede ayudarte a hacer los ajustes correctos. Pregúntate cómo te hace sentir todo esto. Si te sientes inquieto al respecto, entonces probablemente no obtendrás claridad. Ahora pregúntate sobre el porqué. ¿Por qué respondiste de la manera en que lo hiciste? ¿Fue adecuada tu reacción? Coincidirás conmigo en que tendemos a perder la compostura y a enojarnos ante una situación volátil. Pausar para considerar estas cosas puede ayudar a aclarar los problemas.
- **Come to terms with the things you can do nothing about.** It is pointless and enraging to overthink things that you can't change and it can cause you to have a mixed up view of life. It can be hard

but with the tips below, you can learn to just let go of things you can't control.

- Identifica tu parte y tarea. ¿Puedes hacer algo al respecto? ¿O está totalmente fuera de tu control?

- Sé optimista. Una de las pocas formas de manejar un caso sobre el cual no tienes control es simplemente encontrar algo bueno al respecto y mantenerte optimista.
- **Progress.** Retrace your steps when you find that you are going around in a circle, getting the same outcome. Assess your actions to consider other options.

- Deja de compararte con otras personas. Comparar tu ocupación, apariencia, habilidades e ingenio con los de los demás es absolutamente innecesario. La vida influye y moldea a las personas de diferentes maneras y no hay dos personas que tengan las mismas vidas. Estas comparaciones solo establecen alturas inalcanzables para que tú las alcances. Nadie más ha vivido tu vida excepto tú y nunca podrás vivir la vida de otra persona. Nunca olvides que eres único.

- Aprende de experiencias pasadas. No importa lo que puedas estar combatiendo, reflexiona sobre eventos pasados en relación con el problema en cuestión y observa cómo te preocupas menos. Entonces, delibera sobre las lecciones que se pueden aprender de estos eventos históricos y ve cómo pueden ayudar a resolver el problema en cuestión.

- Concentrarse en las cosas que puedes cambiar. Es más difícil hacer cambios en un caso que consideras imposible. Por lo tanto, comienza intentando cambiar las cosas más pequeñas que están bajo tu control para no sentirte totalmente inútil. Por ejemplo, cuando la búsqueda de empleo parece inútil, intenta identificar qué deberías hacer para comenzar o acelerar el proceso. Más temprano que tarde, encontrarás más trabajos a los que postularte o simplemente llenar un formulario de solicitud para iniciar el proceso.

- Sé esperanzador sobre el futuro. Otra cosa que hace pensar demasiado es que te hace ver el futuro sombrío. Puede que sientas que no hay nada por lo que esperar. Necesitas aprender a separar los acontecimientos actuales en el presente de lo desconocido en el futuro. Tu pesimismo en el presente no tiene por qué quitarte la esperanza del futuro, pase lo que pase. En lugar de decir cosas como "Nunca podré completar este trabajo", di "¿cómo puedo lograr este objetivo y completar mi trabajo?" Mírate terminado con el proyecto y espera la satisfacción.

- Identifica tus sentimientos. Tu tendencia hacia el optimismo puede, lamentablemente, depender de cómo te ven los demás. Preocúpate más por cómo te ves a ti mismo y quién eres para ti, en lugar de preocuparte por la perspectiva que tengan los demás sobre ti. Por ejemplo, pregúntate más rápidamente qué es lo que te gusta de ti mismo en lugar de lo que a ellos les puede o no les puede gustar de ti.

- Nunca olvides que las cosas cambian. La vida es variable. Los tiempos y las estaciones cambian. Aquellos que son más felices y, a veces, viven más tiempo son quienes han aprendido a adaptarse a esos cambios. Para una comprensión más clara, una forma en la que puedes aprender a adaptarte es buscando viejas fotos y notando cuánto has crecido. Quizás puedas empezar de nuevo tomando fotos de ti mismo ahora como una medida contra el cambio que deseas. Mirar la foto de "base" de vez en cuando puede inspirarte y ayudarte a trabajar en el presente.

- Visualiza tu entorno. Deberías sentirte reconfortado al saber que en este vasto mundo, es muy probable que haya, al menos, 2 personas más que tengan un problema similar al tuyo. ¡No estás solo! Deja de intentar resolver cada problema, la verdad es que solo eres un ser, no puedes ganar todos por ti mismo.

- Establece objetivos prácticos. Fijar metas alcanzables puede ayudar a mantener la claridad. Al establecer tus metas, aléjate de objetivos poco realistas, aquellos que son tan abrumadores que parecen imposibles. Por ejemplo, puedes fijar un objetivo donde perderás unos pocos kilos al mes si tu objetivo a largo plazo es ser 100 libras más delgado. En lugar de intentar perderlo todo en los primeros meses, divídelo en unidades.

Pon las cosas en una perspectiva más amplia. Pregúntate cuánto tiempo importará esto. ¿Importará esto en 5 años? ¿O incluso en 5 semanas? Imagina un final feliz.

Capítulo 10: Vive en el Momento.

La vida es como un tren en movimiento; no espera a que estés seguro sobre tu futuro antes de unirte al viaje, ni espera a que superes tu pasado. La vida se compone del pasado, el presente y el futuro, pero cada día se nos da un regalo precioso del presente. El pasado está ahí solo para recordarnos dónde hemos estado y el futuro, para recordarnos hacia dónde vamos, pero el presente es la vida que ya estamos viviendo. Ahogarnos en nuestro pasado puede hacernos olvidar la vida que se supone que debemos vivir, haciendo que el tiempo pase desapercibido. La vida es preciosa, solo podemos vivirla en el presente, ni en el pasado ni en el futuro tampoco.

No es inusual enfrentar desafíos, distracciones, heridas y otras cosas negativas de tal manera que preferimos escondernos en la sombra de nuestro pasado en lugar de enfrentar la realidad. Esto no va a ayudar a nadie de todas formas. La mayoría de las personas simplemente existen sin vivir, siguen sus horarios como marionetas sin realmente tener tiempo para disfrutar el presente. Lo hacen con rostros sonrientes pero ojos infelices solo porque están estresados y obviamente necesitan un descanso, un descanso para irse de vacaciones, para sentarse sin hacer nada, para simplemente ser libres.

A pesar de nuestros apretados horarios, siempre debemos intentar vivir en el momento, esto también se conoce como atención plena. La atención plena es el estado de estar totalmente consciente del presente. Ser consciente es aceptar tus pensamientos tal como son sin preocuparte demasiado por ellos. Es ser consciente de que la vida debe ser vivida, no solo existir. Una persona consciente siempre vivirá no basada en sus pensamientos y esto es quien deberías ser.

¿Por qué es importante estar presente?

Vivir en el presente te ayuda a apreciar más la vida. Te impide quedarte en el pasado o pensar en exceso sobre el futuro. Vivir en el presente es una habilidad que debe adquirirse para ayudarte a vivir una vida más emocionante.

A continuación se presentan algunas de las cosas importantes sobre vivir en el momento.

- Menos preocupaciones y sobrepensar. Vivir en el momento o estar presente te mantiene completamente consciente del ahora. Te impide preocuparte y sobrepensar sobre el futuro y permanecer en el pasado.

- Puedes apreciar el mundo un poco más. Cuando vives en el momento, tiendes a apreciar el mundo que te rodea. No estarás preocupándote por el pasado ni temiendo el futuro.

- Puedes averiguar qué podría estarte molestando fácilmente. A veces, puede que no sepas qué es lo que te molesta, pero vivir en el momento o estar presente te ayudará a darte cuenta cuando no te sientes tan bien, emocional, física y de otras maneras.

- Puede que empiece a sentirse más relajado. Estar en el presente le permite tener el control de su vida y esto le ayudará a sentirse más relajado. Una vez que sienta que tiene el control, no se preocupará tanto por la vida.

Pasos prácticos para vivir en el presente.

Algunas personas viven sus vidas en el pasado, mientras que otras viven las suyas en el futuro. Sin embargo, el pasado ha pasado, el futuro aún no ha llegado, el único momento verdadero que tenemos es el presente. Así que siempre vive en el presente porque ahí es donde realmente podemos vivir.

1. Elimina posesiones innecesarias. Deshacerse de algunos objetos que te recuerdan tu pasado puede ayudarte a seguir adelante y podrás vivir en el presente. Deshazte de cualquier cosa que siga recordándote el pasado.

2. Sonríe. Simplemente sonríe. No solo ilumina tu día, sino también el de los demás. Cada nuevo día es un regalo y siempre deberíamos recibirlo con una sonrisa. La vida puede estar llena de incertidumbres, pero puedes controlar lo que te sucede. Así que, mantén una mentalidad positiva hacia la vida.

3. Aprecia plenamente el momento del hoy. Cada día es una bendición, así que crea recuerdos, aprecia la naturaleza, observa cada detalle del día, no permitas que ningún tiempo pase desapercibido.

4. Perdona los daños del pasado. Mantener el rencor no lastima a nadie más que a ti. Intenta perdonar a todos los que te han hecho daño en el pasado. No tengas ninguna

razón para que el pasado te atormente, deja que todo el dolor se vaya perdonando.

5. Ama tu trabajo. No tienes que seguir haciendo lo que odias durante 5 días de 7 días a la semana. Este es el nivel más alto de pérdida de tiempo y debería ser detenido. Puedes renunciar completamente al viejo trabajo y buscar algo más que ames o puedes enfocarte en un área particular del viejo trabajo que te guste y poder hacerlo con alegría.

6. Trabaja duro hoy, pero no dejes de soñar con el futuro. No dejes que soñar con el futuro te impida vivir el presente. No vivas en un sueño y olvides tu realidad. Soñar con el futuro, tener metas y aspiraciones no es suficiente para brindarte un futuro dorado. Debes trabajar duro ahora para alcanzar estas metas.

7. Deja de obsesionarte con los logros pasados. Si te encuentras obsesionándote o hablando demasiado sobre tus logros pasados, entonces es como resultado de pocos o ningún logro en el presente.

8. Reconoce y observa tus preocupaciones. No intentes pasarlas por alto, ni siquiera intentes controlarlas. Sin embargo, reconoce tus preocupaciones, considéralos desde el punto de vista de un extraño sin tener que responder a ellas.

9. Deja ir tus preocupaciones. Cuando no te concentras en tus preocupaciones, se desvanecerán tan rápido como llegaron. Aprende a soltar tus preocupaciones, no fijes tu mente en ellas.

10. Mantente enfocado en el presente. Nuestras emociones, pensamientos y sentimientos cambian constantemente. Así que, asegúrate de moverte con el cambio; una vez que te des cuenta de que estás pensando en algo durante demasiado

tiempo, llámate de vuelta al presente. Conscientemente, intenta siempre vivir en el momento presente.

11. Piensa más allá de las viejas soluciones a los problemas. Nuestro mundo está en constante cambio; las reglas están cambiando y también lo están las soluciones a los problemas. No te acostumbres a las viejas formas de hacer las cosas, mantente abierto al cambio y acéptalo. El enfoque que uses para resolver un problema hoy podría no funcionar para el mismo problema mañana. No permitas que ningún momento o tiempo pase desapercibido. Esto te permitirá vivir siempre en el presente.

Pasa más tiempo en el momento presente. Disminuye la velocidad. Dite a ti mismo: Ahora soy... Interrumpe y reconéctate.

Capítulo 11: Meditar

Pensar en exceso no aclarará tu mente, tampoco te ayudará a encontrar una solución práctica. En cambio, resulta en un pensamiento rencoroso, redundante y obsesivo. Es probable que el proceso de pensamiento lógico se vea oscurecido por una mente que piensa en exceso. Eres consciente de que es imposible cambiar el pasado y que nadie conoce el futuro. Aun así, la mente está atrapada en una red de pensamientos. No olvides que hay una delgada línea entre entender tus errores del pasado y estar obsesionado con ellos.

Observar a un niño puede ayudarte a descubrir que en la mente de un niño, solo existe el 'hoy'. No hay pensamientos sobre el futuro o el pasado, simplemente disfrutan de lo que está sucediendo actualmente. Una vez fuimos niños. Y tenemos la capacidad de vivir en el presente y evitar el estrés de pensar en exceso. ¿Cómo? Podrías querer preguntar. No solo la meditación te ayuda a dejar de pensar en exceso, sino que también te lleva de vuelta a los tiempos en que todo era simple.

La meditación es una excelente manera de prevenir absolutamente el exceso de pensamiento. Siéntate en un lugar sereno, concéntrate en tu respiración y considera despejar cada pensamiento de tu mente. Cuando un pensamiento surja en tu mente, obsérvalo sin ningún involucramiento emocional, sé consciente del pensamiento pero no permitas que te impacte.

4 Maneras en que la meditación ayuda a detener el exceso de pensamiento

Reorienta tus objetivos. Tu mente puede estar sobrecargada de ideas y pensamientos redundantes cuando piensas en exceso. Puedes sentirte estresado por arrepentimientos, sospechas, dudas, realidades distorsionadas y alusiones. Todo esto no te ayudará a vivir felizmente o con calma. Te das cuenta de que tus pensamientos están sesgados y son constructivos. Si estás preparado para saber más, podrás juntar todo para llevar a cabo las grandes búsquedas en la vida.

Lucha contra los pensamientos negativos. La mayoría de las veces, trasladamos la culpa de todos los problemas en nuestra vida. Al menos, lidiar con los problemas es más simple cuando hay otra persona a quien culpar. La meditación te ayuda a luchar contra hábitos poco saludables, como el desplazamiento de la culpa y la búsqueda de fallos. Prueba la meditación consciente. Es muy efectiva para evitar que pienses en exceso. En este espacio de conciencia, podrás buscar verdades reales y deshacerte de pensamientos tóxicos. Así, te ayudará a concentrarte en acciones y pensamientos positivos.

Despeja tu mente. La sobrecarga mental es una señal clave de que algo te está afectando. Llega a la raíz de tu aprensión y resuélvelo de forma directa. Uno de los efectos beneficiosos de la meditación es que despeja tu mente. Eres capaz de planificar, organizar y hacer un análisis efectivo en tu mente. Tan pronto como entiendes el problema, puedes comenzar a pensar en cómo abordarlo. Esto ayuda a prevenir pensamientos errantes, que pueden ser innecesarios y tóxicos.

Te desvincula del apego. El pensamiento excesivo es una expresión de todo aquello a lo que estás atado - tus pensamientos, palabras, ideas y acciones. Hay demasiado apego entre nosotros y otras personas, o entre nosotros y las relaciones, esto difumina nuestro pensamiento y juicio, haciéndonos sobreanalíticos y excesivamente críticos.

Sin embargo, esto es lo que necesitas saber sobre la meditación, no hay una sola manera de hacerlo, no hay una forma incorrecta o correcta. En las etapas iniciales, meditar se siente raro. Ciertamente. Tu cabeza te proporcionará una larga lista de cómo es una pérdida de tiempo. ¿Cuál es el sentido de estar allí sin pensar en nada? Te retorcerás y girarás. Te enojarás. Persevera a través de todo. Se vuelve más fácil.

Cómo meditar en 9 sencillos pasos

1. Dedica de 5 a 30 minutos todos los días. Como principiante, comienza con cinco minutos. Para muchas personas, cinco minutos es lo ideal, y de hecho, cinco minutos de meditación pueden tener efectos positivos. En cuanto a la frecuencia, se cree que la meditación debería ser un objetivo diario, como cepillarse los dientes.

2. Deshazte de las distracciones. Selecciona un período del día en el que tengas una cantidad mínima de distracción. Quizás, durante las primeras horas del día.

3. Relájate y ponte cómodo. Antes de meditar, a algunas personas les gusta estirarse porque ayuda a relajar y soltar los músculos. Estar sentado quieto puede ser difícil para un principiante; sin embargo, estirarse y relajarse te da una ventaja inicial.

4. Selecciona tu posición. No importa si estás sentado o acostado, tu posición es una decisión personal. Para algunas personas, acostarse es cómodo, para otras, estar sentado lo es. Lo más importante aquí es estar cómodo, es decir, no encorvarse y con la columna recta. Si estás sentado, relájate y coloca tus manos sobre tu regazo. Puedes sentarte con las piernas cruzadas en el suelo mientras te apoyas en un cojín, o en una silla con los pies en el suelo. No es obligatorio contorsionar tu cuerpo en una posición de loto si resulta incómodo.

5. Concéntrate en tus pensamientos. Prepárate para el deambular de tu mente. El secreto de la meditación es centrar tu mente en lo que está sucediendo en el presente y no en lo que ha sucedido, o en lo que sucederá en una hora. Ahora, debes estar quieto, relajado y simplemente sanarte a ti mismo. Tan pronto como hayas seleccionado el período ideal y estés relajado y cómodo, estarás preparado para concentrar tu mente en tu respiración. Es una decisión personal si deseas meditar con los ojos cerrados o abiertos. A veces, la música relajante puede ayudarte a meditar de manera efectiva. Si disfrutas meditar mientras escuchas música, eso es aceptable. Hay una variedad de música para escuchar.

6. Toma respiraciones lentas y profundas. Cierra suavemente los ojos. Comienza a respirar lenta y profundamente: inhala por la nariz y exhala por la boca. Evita respirar con fuerza. Permite que venga de manera natural. Las primeras inspiraciones pueden ser superficiales, pero a medida que dejas que tus pulmones se llenen de aire cada vez, tus respiraciones se volverán progresivamente más plenas y profundas. Puedes tomarte todo el tiempo que necesites para respirar profundamente y lentamente. Después de un rato, las respiraciones profundas comienzan a hacerte sentir más relajado y en paz.

7. Cuando tu mente divaga, reencauza tu atención hacia tu respiración. Es de esperar que tu mente divague. Intenta suavemente volver a enfocarla en el presente, es decir, en tu respiración. Tus pensamientos pueden alejarse cada cinco segundos. Esto es completamente normal. Una vez que empieces a practicar la meditación con frecuencia, habrá una reducción en la divagación de tu mente y tu cuerpo y mente realmente se relajarán. Estar sentado en calma y concentrándote en tu respiración es difícil, pero haz ese sutil esfuerzo deliberado de enfocar tu mente en el presente. Este es el concepto de la meditación: enfocar tu conciencia en lo que está sucediendo en este momento. Además, si piensas que podrías quedarte dormido, cambia de posición.

8. Finalizando tu meditación. Tan pronto como estés preparado para terminar tu meditación, abre los ojos y levántate suavemente. Gran trabajo. ¡Lo has conseguido!

9. La práctica constante te hace perfecto. No es una competencia. Podrías ser capaz de meditar solo durante tres minutos actualmente. Con el tiempo, este tiempo aumentará, y así, también aumentarán todos los efectos beneficiosos de la meditación.

Hay una diferencia significativa con el tiempo. Comenzarás a experimentar una sensación de felicidad, paz y calma. Continúa con ello, puede ser desalentador al principio, pero está bien. Soy una madre trabajadora que hace malabares con muchas tareas, así que ha sido muy beneficioso para mí. Más beneficioso de lo que imaginé.

Puedes deshacerte totalmente del mal hábito de sobrepensar meditando durante 10 minutos cada día.

Capítulo 12: Crea una lista de tareas.

Aunque tu mente puede ser tu arma más poderosa; sin embargo, si la descuidas, tu mente también puede impedirte alcanzar tus objetivos. Tu mente tiende a exagerar la verdadera naturaleza de las cosas, haciéndolas más grandes de lo que realmente son.

Por ejemplo, si tienes que terminar un par de tareas en un día, tu mente podría hacer que parezca una hazaña imposible completarlas en un día.

Se presentan múltiples razones por las que la finalización de la tarea será imposible. El secreto para evitar este tipo de sobrepensar es crear una lista de tareas.

Por ejemplo, si tienes que crear una presentación, completar un informe, recoger a tu hermana del aeropuerto, o tienes una reunión con un cliente, tu mente podría hacer que parezca inimaginable completar todas estas cosas en un solo día.

Hacer una lista de tareas te ayuda a asignar una duración definida para cada actividad, lo que facilita completarlas.

Aquí hay algunas maneras de seccionar estas actividades en una lista práctica, luego cancela cada actividad una vez que esté completa.

La Manera Correcta de Crear y Completar una Lista de Tareas

- Seleccione un método. Hay varias variedades de una lista de tareas, por lo que esto depende de lo que sea efectivo para una persona en particular. Algunos estudios sugieren que escribir información a mano ayuda a recordarla de manera efectiva; sin embargo, si la última vez que usó un bolígrafo fue en 1995, no se preocupe; hacer una lista de tareas personal también es posible con la amplia gama de aplicaciones digitales disponibles.

- Haz varias notas. Haz algunas listas de tareas por completar. Debe haber una copia maestra que contenga todas las tareas que deseas completar a largo plazo. Por ejemplo, iniciar una clase de idioma, limpiar el armario, etc. También puedes crear una lista de proyectos semanal que contenga todas las tareas que deben completarse en una semana. Luego, se debe crear una tercera lista HIT, es decir, la lista de Tareas de Alto Impacto; esta contiene una lista de todas las cosas que deben hacerse hoy - por ejemplo, completar esa presentación de trabajo, llamar al Tío Tom por su aniversario, recoger la lavandería. Cada día, las tareas de la lista general y de la lista de tareas semanal se moverán a la lista HIT, según sea apropiado.

- Mantenlo simple. Nada es más aterrador que una larga lista de tareas. En realidad, es poco práctico completar tal cantidad de tareas en 24 horas. Un consejo para simplificar la lista HIT es crear una lista de las tareas que se deben completar hoy y dividirla en dos. El número de tareas en la lista debería ser de alrededor de 10, las otras tareas se pueden mover al borrador maestro o a la lista de tareas semanal.

- Comienza con las tareas simples. Antes de tus MIT, incluye algunas tareas básicas en la lista: "Ducharse, Lavar los platos del desayuno y doblar la ropa" son grandes ejemplos. Completar y cancelar tareas tontas puede ayudarte a empezar el día con una sensación de positividad.

- Completa tus MITs. MIT significa "tareas más importantes". La parte superior de tu lista debería comenzar con un mínimo de dos elementos que deben completarse con urgencia hoy, esto es para asegurarte de que completes tu informe de proyecto que tiene que ser entregado mañana, en lugar de pasar la aspiradora. Aunque las otras tareas de la lista podrían no hacerse, las tareas muy significativas se completarán.

- Divide en tareas más pequeñas. Tareas como "trabajar en el proyecto de tesis" parecen demasiado imprecisas y presionantes, esto implica que podríamos estar demasiado abrumados para realmente comenzarlas. Una excelente manera de disminuir el miedo y hacer que el objetivo parezca más realista es dividir las tareas en proyectos más pequeños. En lugar de decir "trabajar en la tesis", sé más específico, di algo como "completar la primera mitad del capítulo dos" el domingo y "escribir la segunda mitad del capítulo dos" el lunes.

- Sé específico. Las cualidades comunes de todas tus listas de tareas deberían ser: deben ser tareas que solo pueden ser completadas por el creador de la lista de tareas, son tareas físicas, pueden completarse de una sola vez. Para las tareas generales que requieren mucho tiempo o asistencia de otras personas, haz una lista de los pasos específicos que pueden ayudarte a alcanzar tu objetivo. En lugar de "rescatar a los animales," prueba "crear una carta de presentación para una pasantía en el Fondo Mundial para la Naturaleza."

- Inclúyelo todo. Para todas las cosas que tienen que hacerse en la lista, sé lo más expresivo posible, escribe todo lo relacionado con esto para que no haya excusas si el trabajo no se completa. Por ejemplo, si la tarea tiene que ver con llamar a un amigo, escribe el número de esa persona en la lista para que no haya necesidad de que empieces a buscarlo más tarde.

- Cronométralo. Dado que has creado la lista y la has verificado dos veces, ahora establece un límite de tiempo junto a cada tarea. Convertir la lista de tareas en una lista de citas podría ser útil. Por ejemplo, limpiar la bandeja de entrada de 7 a 8 p.m. en Dominos en la Quinta Avenida, lavandería de 8 a 9 p.m. en Clean Aces. Una vez que ha pasado el tiempo establecido, ha pasado; pasar siete horas recogiendo la lavandería no es necesario.

- Evita estresarte. La mayoría de las listas maestras tienen una o dos cosas que hemos tenido la intención de completar durante días, semanas o probablemente años, pero no hemos tenido la oportunidad de hacerlo. Intenta encontrar las razones de esto para que puedas entender los pasos necesarios para la finalización real de las tareas. ¿Evitas llamar a la tía Jessie debido a las largas horas que podrías pasar en el teléfono? Sustituye "Llamar a la tía Jessie" por "encontrar una manera de finalizar la llamada a la tía Jessie". Esto disminuirá la extensión variable de la tarea, haciéndola más fácil de realizar.

- Compártelo con las personas. A veces, la mejor manera de sentirnos obligados a hacer algo es tener a alguien que nos supervise. Puedes hacer pública tu lista de tareas, colocándola en el refrigerador o creando un calendario digital que pueda ser visto por tu colega.

- Fija un tiempo para programar. Sentarse a crear una lista de tareas real podría ser uno de los aspectos más difíciles de hacer la lista. Selecciona un momento diario, quizás por la mañana antes de que todos se levanten, o a la hora del almuerzo, o incluso antes de dormir, cuando te sea fácil organizar todo lo que debe hacerse y averiguar qué sigue sin hacerse.

- Ve con lo viejo. Recordarte sobre la productividad del día anterior es una excelente manera de mejorar la productividad. Esto lleva una lista documentada de todas las cosas que has logrado el día anterior, incluyendo las tareas tontas.

- Haz una nueva lista. Crea una lista nueva todos los días, para que las tareas antiguas no sobrepueblen constantemente la lista. Además, es una forma beneficiosa de asegurar que realmente cumplamos una tarea cada 24 horas y no perdamos tiempo embelleciendo la lista con marcadores de colores.

- Sé flexible. Consejo útil: Asegúrate de reservar 15 minutos de "tiempo de compensación" entre tareas en el calendario o la lista de tareas en caso de una emergencia imprevista; por ejemplo, si tu computadora se apaga o si hay un cortocircuito. Y si no ocurre ningún evento desafortunado, lo más importante es recordar pausar y respirar. Si ya has completado al menos un MIT, lograrás el resto.

Capítulo 13: Abraza la Positividad.

Lo triste de la vida es que está llena de eventos negativos. Estos eventos a menudo se difunden por todo el mundo a través de las noticias, las plataformas sociales y similares. Tan patético como esto es, nadie puede controlar o prevenir que estas cosas sucedan. Por lo tanto, permitir que estos eventos negativos nos agobien no tiene sentido porque no podemos resolver los problemas. Sin embargo, la mentalidad de la mayoría de las personas se ha visto afectada negativamente por las desafortunadas ocurrencias a su alrededor. Terminan pensando en exceso sobre todo, sin importar cuán insignificante pueda parecer.

No controlas lo que sucede a tu alrededor, pero controlas cómo reaccionas o te sientes al respecto. La mayoría de las personas permiten que su mentalidad se incline hacia el lado negativo debido a lo que ven o escuchan todos los días. Cuando surgen situaciones, tenemos dos opciones; mirar los aspectos negativos de las situaciones o ver los aspectos positivos de las mismas. Tristemente, la mayoría de las personas cede a lo primero. Estamos en control de nuestros sentimientos, así que puedes alimentarlos con pensamientos positivos o negativos.

Toma una decisión consciente de ser optimista acerca de la vida. Abraza la positividad. Deshazte de cualquier cosa que te haga infeliz y amenace tu paz mental. Pensar en exceso trae dudas y, como resultado, conduce a mentalidades negativas. Por lo tanto, deja de pensar en exceso y ten confianza en que puedes superar cualquier tormenta que se presente en tu camino.

Conscientemente intenta proteger tu paz mental. No puedes hacer esto si no te amas lo suficiente, si piensas que no mereces la felicidad. Una cosa es cierta, todos merecemos amor, todos tenemos derecho a ser felices y, por todo lo que vale, tu felicidad es tu responsabilidad. Crea felicidad donde está ausente, siempre date una razón para ser feliz porque lo mereces.

Cuida tu mentalidad continuamente con pensamientos positivos. A pesar de los desafíos que puedas enfrentar - los diversos sentimientos desde el dolor hasta el miedo, la ira, el desánimo y otros - nunca dejes de pensar en positivo.

A continuación se presentan algunos consejos para ayudarte a adoptar la positividad;

- Comienza con una buena nota. Despiértate cada día sintiéndote agradecido. Agradece por todo, piensa en las cosas buenas que te sucedieron el día anterior, incluso puedes anotarlas. Al hacer esto, te das a ti mismo una buena razón para tener confianza, para esperar y para ser feliz. Esta energía positiva al comienzo de un nuevo día es suficiente para mantenerte en marcha durante todo el día. Aparte de las reflexiones diarias, también puedes intentarlo de forma semanal o mensual, esto te ayudará a mantener una mentalidad positiva.

- Observa a las personas con las que pasas más tiempo. La negatividad es contagiosa, así que presta atención a las personas con las que más tiempo pasas. Si siempre están viendo lo peor en todo, entonces deberías reconsiderar salir con ellos. No es porque los odies o los estés juzgando, simplemente estás protegiendo tu mente.

- Habla palabras positivas. Así como nuestras acciones son importantes, nuestras palabras también lo son. De hecho, las palabras que decimos, con el tiempo, se convierten en nuestras acciones y se transforman en nuestra realidad. Observa las cosas que dices; las palabras negativas darán lugar a energía negativa y, eventualmente, resultarán en cosas negativas. Nuestra mente subconsciente nos escucha, presta atención a lo que decimos y hacemos. Después de un tiempo, comienza a responder a las palabras que ha escuchado, negativas o positivas. Por lo tanto, siempre haz afirmaciones positivas.

- Ejercita tu memoria. Mencionamos anteriormente vivir en el presente y dejar ir el pasado, pero hay algunos recuerdos del pasado que no debemos olvidar, como los recuerdos de una infancia feliz, un recuerdo feliz de la playa y otros momentos felices. Estos recuerdos nos dan la fuerza para vivir en el presente. Por lo tanto, crea recuerdos felices siempre que se te presente la oportunidad.

- Empieza a cultivar la esperanza en pequeñas formas. Crea esperanza incluso en las formas más pequeñas. Puede ser al ver una sonrisa en el rostro de un extraño, al planear alcanzar una meta, o al reflexionar sobre las cosas buenas que te han sucedido.

- Cambia tu enfoque. Deja de intentar controlarlo todo. Relájate un poco, aparta tu atención de las cosas que no están funcionando y concéntrate en las que sí.

- Desactiva los pensamientos negativos. Cuando notes que comienzas a tener pensamientos negativos, no los alimentes, sino cámbialos. Cuando ocurre un evento negativo, puede ser un problema con los padres o hermanos o incluso un problema de peso; no pienses demasiado en ello. Previene conscientemente que tus pensamientos divaguen hacia eventos negativos; concéntrate más en los positivos.

- Regresa a lo básico. No es demasiado tarde para cambiar tu mentalidad; esta se formó como resultado del pensamiento. Así que, comienza a tener pensamientos positivos.

- Sé curioso. No asumas que lo sabes todo. Piensa en los posibles resultados de los eventos.

- Piensa en un momento en el que lograste algo y lo que hiciste. Nunca olvides tus logros, la técnica que utilizaste y cómo la aplicaste. Puede que necesites usar el mismo procedimiento para lograr algo mayor.

- Mantén el diálogo corporal. No te enfoques tanto en la mente que olvides el cuerpo. Cuando nuestros cuerpos están saludables, nuestras mentes también estarán saludables. El estado de nuestros cuerpos afectará nuestras mentes, el cuerpo físico controla las actividades de la mente hasta cierto punto. Todos necesitamos un nivel de motivación cada día y sin el ejercicio adecuado del cuerpo, es posible que no podamos obtener la energía positiva que necesitamos. Cuando estamos físicamente saludables, podremos tener una mentalidad positiva hacia la vida.

- Comienza un diario de evidencia con pruebas de que la vida está funcionando para ti. Registra todas las cosas buenas que la vida te ha ofrecido, en lugar de las cosas que no te ha ofrecido o las cosas negativas que te ha ofrecido.

- Piensa en alguien cuya vida parece ir bien. ¿Tienes a alguien en quien desees convertirte? ¿O admiras la vida de alguna persona? Entonces haz de ellos tu modelo a seguir, indaga sobre lo que hacen y cómo lo hacen para lograr el éxito.

- Errar es humano. En un esfuerzo por abrazar la positividad, no seas demasiado duro contigo mismo. Mantener una mentalidad positiva puede ser difícil. Somos humanos y es probable que cometamos errores, que tengamos dudas y sentimientos negativos, pero cuando vengan, contrólalos. No dejes que te consuman, recuerda que los sentimientos y pensamientos no duran mucho, pasarán solo si no los alimentas.

Cambia tu mentalidad y pasa más tiempo con personas positivas que no sobrepiensan las cosas.

Capítulo 14: Usando Afirmaciones para Aprovechar el Pensamiento Positivo.

La mayoría de las personas que piensan negativamente son aquellas que suelen sobrepensar. Si te dejas llevar, pronto, todo sobre ti se vuelve negativo y pesimista; tu autoestima, tu perspectiva y tus emociones.

Lo curioso de la negatividad es cómo parece que casi siempre se hacen realidad. Estos pensamientos negativos deprimen tu espíritu, tus relaciones con las personas que te rodean y tu personalidad. De alguna manera, te has convencido de que nunca serás adecuado y eso está comenzando a dominar tu vida.

Sé intencional, en cambio, acerca de ser todo lo que no es negativo; sé optimista y esperanzado. Piensa y habla buenas palabras para ti mismo y descubrirás que es muy potente y beneficioso.

En última instancia, haz esfuerzos para controlar tus hábitos de sobrepensar al pensar deliberadamente de manera más positiva sobre la vida.

¿Qué son las afirmaciones y funcionan?

Una afirmación es una aseveración, un comentario optimista que realmente ayuda a inhibir la negatividad y el autodaño. Cuanto más declares estas palabras, más realmente las crees, y posteriormente, más positividad puedes realmente transmitir.

Reiterar constantemente estas palabras puede ayudar tanto a nuestro estado mental que reforma nuestras cadenas de pensamiento para hacernos empezar a pensar y comportarnos de manera positiva.

Por ejemplo, hay pruebas de que las afirmaciones ayudan positivamente en tu rendimiento laboral. Cuando te sientes un poco nervioso ante la anticipación de una reunión importante, puedes tomarte un tiempo para enfocarte en todas tus grandes cualidades y esto ayudará a calmar tus nervios, mejorar tu autoestima, prevenir que estés un montón de nervios y aumentar las posibilidades de que seas productivo.

La autoafirmación también puede mejorar los terribles efectos de la ansiedad y el estrés.

Aún mejor, las afirmaciones han sido una terapia mental para personas que sufren de depresión, baja autoestima y una variedad de otros trastornos mentales. También se ha demostrado que las afirmaciones estimulan ciertos aspectos de nuestro cerebro que desencadenan la alta posibilidad de ser más conscientes y dirigidos hacia la positividad en lo que respecta a nuestra salud. Cuando te tienes en alta estima, te preocupas más por mejorar tu salud en general. Por lo tanto, si piensas que comes demasiado, por ejemplo, y necesitas comenzar a hacer ejercicio, entonces las afirmaciones pueden usarse para ayudarte a recordar tu valor y, por ende, alentarte a hacer algunos cambios en tu estilo de vida.

Cómo Usar Afirmaciones Positivas

Las afirmaciones no tienen restricciones, puedes usarlas siempre que desees hacer alteraciones positivas en tu vida. Puedes usarlas cuando quieras:

- Mejora tu autoestima antes de reuniones y presentaciones cruciales.
- Domina tus emociones, poniendo un freno a cualquier sentimiento pesimista como la ira, la decepción y la irritabilidad fácil.
- Renueva tu autoconfianza.
- Concluye con éxito los proyectos que comenzaste.
- Mejora tu eficiencia
- Vence los malos hábitos.

Las afirmaciones funcionan mejor con metas establecidas y pensamientos más optimistas.

La visualización complementa las afirmaciones de manera bastante perfecta. Así que, no solo visualices ese gran cambio, háblalo contigo mismo, anótalo hasta que lo creas. Afirmate positivamente.

Las afirmaciones también son muy valiosas cuando estás determinando nuevos objetivos y metas. En el momento en que especificas exactamente lo que deseas alcanzar, la autoafirmación y los comentarios afirmativos pueden ayudar a impulsarte constantemente hacia el éxito.

Decir esas afirmaciones positivas a ti mismo una y otra vez es realmente la clave de la potencia. Pégalo en tu pared, o configúralo como una alarma, pero asegúrate de reiterar esas palabras a ti mismo tan a menudo como sea posible cada día. Aún más importante es la necesidad de que reiteres esas palabras cuando te encuentres pensando demasiado otra vez, o haciendo esos hábitos que has estado tratando de romper.

Cómo Escribir una Declaración de Afirmación

Su declaración de afirmación debe estar dirigida a un aspecto particular o hábito que está tratando de romper. Puede personalizar su declaración de afirmación según sus necesidades utilizando los consejos a continuación.

- Considera ese hábito del que intentas deshacerte. El comportamiento en el que deseas mejorar. Puede ser tu mal genio o tu fácil irritabilidad o tus deficientes habilidades de comunicación o tu casi nula productividad en el trabajo.
- A continuación, anota aquellos aspectos de tu vida a los que te gustaría hacer alteraciones y asegúrate de que se alineen con tus valores clave y con todo lo que es vital para ti. Si no alineas

estos cambios con tus valores, es posible que no te sientas verdaderamente inspirado para alcanzar esos objetivos.

- No intentes hacer afirmaciones imposibles e inverosímiles, sé realista y práctico al respecto. Por ejemplo, si no estás satisfecho con el sueldo que recibes cada mes, puedes comenzar a reiterar afirmaciones para ti mismo para aumentar tu confianza lo suficiente como para pedir un aumento.

- Sin embargo, es mejor no convencerse de que definitivamente recibirás un aumento que duplique tu salario anterior porque generalmente está fuera de discusión que los empleadores dupliquen tu salario así como así. ¡Sé pragmático y razonable! No es que las afirmaciones sean encantamientos. Lo que necesitas es creencia, de lo contrario, esas palabras pueden tener poco o ningún poder en tu vida.

- Cambia la negatividad y abraza la positividad. Si te gusta el auto-desánimo y el daño personal en general, aprende a observar los pensamientos o ideas particulares que asolan tu mente. Luego crea una afirmación que contradiga por completo esa línea de pensamiento.

- Imaginemos que a menudo te dices a ti mismo que no eres lo suficientemente hábil ni talentoso como para avanzar en tu carrera, puedes cambiar esto por completo escribiendo una afirmación como: "Soy lo suficientemente bueno y soy un experto talentoso en lo que hago."

- Sé particular al escribir en tiempo presente como

una muestra de creencia de que lo que estás diciendo ya está sucediendo. Es la única manera de que realmente creas y veas que realmente sucede. Por ejemplo, un buen ejemplo de una afirmación efectiva es: "Estoy listo para esta presentación, tengo un buen conocimiento sobre este tema porque me he preparado bien y va a ser una presentación maravillosa." Díselo a ti mismo cuando empieces a sentir los nervios y la ansiedad por hablar en público.

- Dilo como si lo mean. Incorporar emociones en tu afirmación puede ayudarte a hacer que las palabras sean más productivas. Si realmente lo deseas, actúa como si lo hicieras al decirlo con voluntad. Dilo de manera que tenga sentido para ti y signifique algo para ti. Por ejemplo, si tienes problemas para calmar tus nervios con respecto a un nuevo proyecto que te han asignado, entonces intenta decirte algo como: "Estoy deseando enfrentar este nuevo desafío. No puedo esperar para abordarlo".

Ejemplos de Afirmaciones

Por supuesto, tu afirmación es exclusiva para ti, así que deja que especifique exactamente lo que pretendes alcanzar y todas las alteraciones que buscas realizar. Sin embargo, a continuación se presentan algunos ejemplos que pueden ayudarte a empezar:

- Mis innovaciones para este nuevo desafío son innumerables.

- Mi jefe y todos mis colegas apreciarán mi trabajo cuando haya terminado.
- ¡Tengo la capacidad para lograr esto!
- Mi opinión es invaluable para mi equipo.
- Soy triunfante y victorioso.
- El candor es mi palabra clave.
- Soy consciente del tiempo en cada tarea.
- Aprecio este trabajo y no lo doy por sentado.
- Me encanta lograr un buen trabajo con mi equipo.
- Soy excepcional en todo lo que intento.
- Soy magnánimo.
- Estoy realizado.
- Estableceré el ritmo en esta empresa.

Las afirmaciones son afirmaciones de positividad que ayudan a derrotar la autodestrucción y la negatividad en general.

Capítulo 15: Conviértete en una persona orientada a la acción.

No puedes simplemente decidir dejar de sobrepensar, sino que tienes que tomar medidas deliberadas para ver que estás libre del hábito. No pienses demasiado en hacer la elección correcta, a menudo aprendemos de nuestros errores. De hecho, las mejores lecciones son las que se aprenden de un error.

Siempre estate listo para actuar, sin importar cuán inciertas puedan parecer las cosas. Pensar demasiado genera dudas y estas dudas nos restringen de actuar donde deberíamos. Nunca se puede estar demasiado seguro en la vida. Nuestras vidas serán mucho mejores si podemos hacer la mayoría de las cosas que hemos tenido en mente hacer.

Sin embargo, cuando hablo de tomar acción, me refiero a una acción dirigida. Antes de tomar cualquier acción, primero debes considerarla en función de la situación actual, la acción debe tomarse de manera sabia y no basada en emociones.

Consejos para Actuar en la Superación del Pensamiento Excesivo

1. Reconoce el resultado de la indecisión. La forma más efectiva de deshacerse del pensamiento excesivo es identificar las consecuencias de la indecisión. En cada situación, compara la consecuencia de tomar una decisión con la consecuencia de no tomar ninguna. Si el resultado de esta última es más favorable, entonces simplemente debes seguir adelante.

2. Lanza una moneda. Cuando parece que no puedes dejar de pensar en un problema, puede ser tu instinto tratando de advertirte que la situación está fuera de tu control o que no es necesario sobrepensar el asunto. Todo lo que necesitas hacer en casos como este es abrir el siguiente capítulo y seguir adelante.

3. Escribe 750 palabras. Escribir es una forma que puedes emplear para despejar tu mente. Te ayuda a ver con claridad cuáles son los problemas y a idear maneras de resolverlos.

4. Decide dos veces. Siempre prueba la fuerza de tus decisiones tratando de decidir sobre ese problema dos veces antes de tomar acción. Después de tomar una decisión sobre un tema, escríbela y después de 24 horas, reflexiona sobre ese mismo tema pero esta

vez en un lugar diferente. Luego responde las mismas preguntas que te hiciste y toma una nueva decisión. Ahora, observa si corresponde a la primera decisión.

5. Confía en tu primer instinto. Como se dijo antes, pensar demasiado genera dudas. Nos restringe de tomar decisiones rápidamente, nos hace perder fe o confianza en nosotros mismos. Por lo tanto, siempre aprende a confiar en tu primer instinto.

6. Limita las decisiones que tomas. No tienes que decidir sobre todo. Aprende a seguir estándares. Esto limitará el número de decisiones que tendrás que tomar en un día y aumentará aún más tu capacidad para tomar mejores decisiones en asuntos más serios.

7. Siempre puedes cambiar de opinión. ¿Qué nos dio la impresión de que las decisiones deben ser muy rígidas, dominantes y severas? Las decisiones se pueden cambiar, uno puede tener un cambio de corazón en cualquier momento, esto es lo que necesitas saber. Puedes decidir ahora comprar una nueva propiedad y decidir más tarde no hacerlo, es toda tu elección y no le debes explicaciones a nadie. Tus amigos solo están ahí para influir en tu decisión y no para tomarla por ti. Solo pueden intentar disuadirte de algo, pero al final del día, es tu decisión. Los buenos amigos siempre aceptarán tus decisiones y te apoyarán en todo momento. Sin embargo, al tomar decisiones, elige actividades emocionantes, cosas que te hagan feliz.

Recuerda que tu felicidad es tu responsabilidad.

Hay algo conocido como parálisis por análisis. Esta es una condición causada por el exceso de pensamiento. Es una situación en la que no se toma ninguna decisión sobre un tema porque ha sido sobreanalizado.

No pienses demasiado en los problemas, solo los prolongará; más bien, sé un hombre de acción.

Capítulo 16: Superando tu miedo.

Dejar que los sentimientos nos abrumen y nos sorprendan hasta hacer que sobrepiensen es parte de la naturaleza humana. ¿Quién se metería de lleno en una situación probablemente dolorosa? Solo el hecho de evadir consistentemente el "fantasma" dentro de ti hará que seas un cautivo del monstruo.

Un sentimiento muy fuerte es el miedo. Tiene un impacto poderoso en la mente y en tu apariencia física. Puede establecer reacciones poderosas cuando estamos en situaciones alarmantes, por ejemplo, cuando hay un incendio o estamos siendo agredidos.

Por lo general, esto incluye un intento de combatir cualquier posible factor de estrés que pueda llevar a la angustia y a la participación en interrupciones sin fin. Pero, estás combatiendo situaciones posibles que te traerán desarrollo y felicidad. Además, tienes la oportunidad de luchar contra el miedo para siempre. El miedo atacará sin importar cuán duro intentes prevenirlo. Y probablemente atacará en un momento en el que más necesites compostura emocional.

Además, puede atacar cuando te enfrentas a situaciones que no amenazan la vida, como citas, exámenes, nuevo empleo, una fiesta o enfrentar una multitud. El miedo es la respuesta habitual a una advertencia que puede ser percibida o evidente.

Estas son algunas recomendaciones para combatir el pensamiento excesivo si lo estás experimentando:

- Permítete sentarte con tu miedo durante 2-3 minutos a la vez. Inhala y exhala con el miedo y di: "Está bien, parece muy malo, pero los sentimientos son similares al mar: las mareas suben y bajan." Asegúrate de tener una actividad edificante planificada para tu sesión posterior a la meditación: contacta a ese confidente que quiere saber cómo te fue; sumérgete en una actividad que encuentres agradable e intrigante.

- Escribe las cosas por las que estás agradecido. Revisa lo que has redactado cuando te encuentres de mal humor. Haz la lista más larga.

- Recuerda que tu ansiedad es un almacén de sabiduría. Redacta una nota: "Querida ansiedad, ya no te tengo miedo, ¿qué puedo aprender de ti?"

- Usa el humor para desinflar tus peores miedos. Por ejemplo, ¿cuáles son las escenas más divertidas y terribles que pueden ocurrir si aceptas una invitación para hablar ante una audiencia de 500 personas? Me mojo los pantalones en el escenario. Puedo ser detenido por dar el discurso más horrible en la historia de la humanidad, mi último novio(a) será parte de la congregación y se reirá de mí.

- Aprecia tu valentía. Cada vez que haces algo que te da miedo, a pesar del miedo, te has vuelto mucho más poderoso y el próximo ataque de miedo probablemente no te hará rendirte.

- Recompénsate. Por ejemplo, cuando llames a esa persona con la que realmente no quieres hablar, refuerza tu logro dándote algo placentero como un tratamiento de spa, salir a comer, comprarte un libro, dar un paseo, o regalarte algo que te dé alegría.

- Cambia tu perspectiva sobre el miedo. Si tienes miedo como resultado de fracasos pasados, o simplemente tienes miedo de hacer algo más, o piensas que el hecho de que fracasaste antes significa que fracasarás en otras cosas, no olvides que el hecho de que fracasaste antes no garantiza que fracasarás cada vez. Ten en cuenta que cada momento es un nuevo comienzo, una oportunidad para empezar de nuevo.

No te dejes llevar por miedos inciertos.

Capítulo 17: Confía en ti mismo.

La incertidumbre sobre uno mismo típicamente resulta en ansiedad y en pensar demasiado en las cosas concernientes al mañana. Te das cuenta de que te falta la seguridad para realmente manejar situaciones específicas y ser decisivo. Pensar demasiado sucede porque te sientes deficiente y tienes dudas sobre tus propias elecciones. En realidad, el problema con pensar demasiado es cuántos mandatos tienen tus pensamientos sobre ti. Poco a poco, comienzas a sentirte escéptico sobre tu capacidad para tomar decisiones sabias y, en última instancia, pierdes confianza en tus habilidades para tomar decisiones.

Varias personas habitan en la indecisión porque dudan en hacerse cargo de sus vidas, asumir y soportar las consecuencias de sus acciones. Te lanzas a culpar a cualquier otra persona por la decisión final que tomaron en tu nombre si los eventos toman un giro equivocado. No obstante, la verdad es que cualquier decisión que se haya tomado sobre tu vida todavía regresa a ti, especialmente si actuaste en base a ella. Porque, como adulto, hay algunas cosas relacionadas con tu vida que no puedes desestimar como una táctica manipulativa de alguien sobre ti. Te digo, no se sostendrá en un tribunal. ¡Eres responsable de tu propia vida! En consecuencia, es prudente aprender a tomar en cuenta cada decisión, paso y acción que tomes.

En realidad, nadie puede hacerte hacer algo. No importa

cuán dominante y controlador sean, tú decides si quieres seguir esa línea o no. Tus acciones o inacciones siguen siendo tu responsabilidad, sin importar de quién fue la idea.

En lugar de distribuir tus asuntos para que sean decididos por otras personas, puedes tomar el control de tu vida al tomar tus propias decisiones por ti mismo. Pronto empezarás a sentir una sensación de satisfacción y confianza en tus juicios y sus posibles resultados. Necesitas acostumbrarte a tener cierta credibilidad en tu capacidad para manejar situaciones específicas. Nadie puede creer en ti como tú lo harás.

Si no quieres ser rehén de tu sobrepensar, entonces debes levantarte y hacer las cosas en tu vida. Solo estarás engañándote a ti mismo y perderás la oportunidad de crecimiento y desarrollo personal.

Afortunadamente para ti, todo lo que requieres para gestionar con éxito cada problema que encuentres en tu vida es confianza en tus habilidades.

Confía en que tienes la capacidad de enfrentar cualquier cosa que la vida te presente con el enfoque adecuado. En el momento en que comienzas a creer en tus habilidades, comienzas a pensar de menos y te encuentras siendo más decisivo.

Te daré la primicia sobre qué hacer para aprender a creer en tus habilidades:

- Intenta no pensar demasiado en el resultado final de tu juicio. El mundo, en general, es variable y los humanos son difíciles de predecir; por lo tanto, sería ridículo pensar que puedes estimar fácilmente las consecuencias inminentes. Como resultado, podemos decir que la toma de decisiones es casi siempre un disparo a ciegas. Aunque confiar en ti mismo y en tu capacidad para tomar buenas decisiones sigue siendo muy beneficioso, sabe que no puedes controlar el resultado final de tus decisiones. En pocas palabras, pensar demasiado es inútil.

- Intenta no hacer las cosas por capricho. Las personas tienden a ser impulsivas de inmediato porque consideran que pensar en el resultado probable es una tarea ardua. Por lo tanto, les resulta difícil pasar por el proceso de deliberación. Tomar una decisión impulsiva no es una idea terrible, de hecho, sobre la indecisión, es una idea asombrosa. Sin embargo, con la experiencia pasada de malos juicios, tomarse un poco de tiempo para pensar en tu decisión es sabio.

- Enfrenta tus miedos. Las personas sin confianza en sí mismas suelen ser aquellas que buscan rutas aparentemente sin complicaciones. Como resultado de esta falta de fe, se asustan de fracasar y, en consecuencia, toman malas decisiones. En el momento de tomar decisiones, trata de elegir la opción que más te asuste porque ese es tu camino más probable hacia el crecimiento.

- Crea un equilibrio entre prestar atención a tu sentido de razonamiento y confiar en tu intuición. Tu mejor oportunidad de que la mayoría de tus decisiones sean acertadas es aprender a lograr un equilibrio entre la razón y los sentimientos intuitivos. Prestar atención solo al sentido y la razón podría simplemente persuadirte a optar por la opción más prudente en lugar de seguir tu intuición. Incluso puedes decirte que necesitas esperar más información en esa área antes de tomar cualquier decisión, y esto puede resultar en no tomar ninguna decisión en absoluto. Por el contrario, seguir tu intuición puede llevarte a tomar decisiones imprudentes. Por lo tanto, prestar atención a tu ser completo es crucial para tomar la decisión correcta, especialmente en decisiones importantes. Como dicen, "no olvides llevar tu cerebro mientras escuchas tu corazón."

- Enfócate más en tus buenas decisiones pasadas y en los escenarios que las rodearon. Pregúntate cómo te sentiste al tomar esa decisión durante y después de tomarla y qué hiciste para llegar a ese veredicto. Considera qué la hizo una buena elección en comparación con lo que fuera la otra opción. Reflexionar sobre tus buenas decisiones pasadas te ayudará a construir confianza en tus habilidades de toma de decisiones, sabiendo ahora que tienes estas capacidades. Posteriormente, puedes descubrir fácilmente el plan de acción más adecuado para tu toma de decisiones. Personalmente, he descubierto que una señal de que estoy tomando una buena decisión es cuando no me siento indeciso al tomarla. Cuando confío en mi decisión es cuando me siento más organizado y sereno.

- Haz la elección que te ofrezca la mayor cantidad de alternativas. A todos les gustan las decisiones con muchas opciones para elegir. Sin embargo, hay elecciones que te restringen a un conjunto no diverso de opciones que solo te causarán estrés más adelante. Realmente no tienes que pasar por el estrés, así que asegúrate de optar por la opción que eventualmente será la más rentable, por más difícil que sea elegir. Deja que tu anticipación de las consecuencias de tus habilidades supere ese miedo al fracaso.

- Detente por un momento ante una decisión difícil de tomar y pregúntate: "¿qué pasaría si un milagro ocurriera de la nada y toda mi vida cambiara positivamente?" Esto puede aliviar la carga de los "y si" y ayudarte a ver la posibilidad de buenos resultados, por lo tanto, llevándote hacia la mejor elección.

La racionalidad nos persuade a tomarnos nuestro tiempo y obtener más información antes de considerar que estamos listos para tomar una decisión. Esto suele ser el resultado de nuestra tendencia a sobrepensar las cosas y temer hacer las elecciones incorrectas. Puede dejarnos en un aprieto y con una falta de disposición para tomar cualquier acción. Debes saber que la indecisión en sí misma ya es una decisión tomada, así que es esencial simplemente lanzarse con un poco de razón y un poco de valentía para equilibrarlo. En el momento en que te vuelvas más atento a esa voz interior que aparece de vez en cuando para decirte lo que realmente deseas, el sentido y la racionalidad pueden actuar de tal manera que te beneficien a largo plazo.

No tengas miedo de cometer errores y fallos porque la verdad es que muchas veces, el miedo produce los mejores resultados, especialmente cuando eliges la opción que más te asusta. Hay una alta probabilidad de tomar la decisión correcta que buscas cuando es realmente difícil. Aunque la vida es impredecible, debes al menos tener la suficiente dignidad para ser tu propio tomador de decisiones.

Conéctate con tus neuronas naturales, confía en tus instintos, sigue tus entrañas.

Capítulo 18: Deja de esperar el momento perfecto.

Estás condenado a seguir dando vueltas en un ciclo de negatividad si te dejas llevar por el exceso de pensamientos. Es deprimente e inútil seguir aferrándose a los mismos pensamientos. Ni siquiera mejora, ya que el exceso de pensamiento puede influir negativamente en ti emocional y mentalmente. Lamentablemente, varias personas están atrapadas en un idealismo tal que han perdido completamente el contacto con la realidad.

Pensar demasiado te da una apariencia de necesidad de perfección, pero en realidad, solo te hace dudar en asuntos importantes.

Por ejemplo, en lugar de simplemente comenzar tu negocio, pensar demasiado te hará pausar mientras inventas eventos irreales en tu cabeza con preguntas como ¿qué pasa si no tengo suficientes fondos para empezar? ¿Qué pasa si se me acaba el tiempo antes de poder comenzar adecuadamente? ¿Qué pasa si a nadie le interesa patronizarme? Antes de que te des cuenta, comienzas a cuestionar tu preparación.

Al final del día, puedes descubrir que nunca comenzaste el negocio.

Sin embargo, ¿qué tan seguros estamos de que el futuro será

más brillante? ¿Dónde está la prueba? ¿Realmente podemos depender de nuestra esperanza en el futuro?

En este momento, esta experiencia presente es lo que es cierto, ¡nada más! La única certeza es el presente. Seamos realistas, la probabilidad de obtener satisfacción de un momento futuro impredecible es bastante baja, especialmente si hasta ahora no has tenido un momento satisfactorio que realmente saciara tus deseos insaciables, incluso después de tu gran anticipación. Así que eso es todo en cuanto a la prueba de un futuro más brillante.

Nos ocupamos demasiado con el pasado y el futuro desconocido que aún se espera. Cuando nuestra esperanza en el futuro de riqueza y prosperidad nos falla, entonces nos volvemos al pasado con sentimientos sobre cómo eran las cosas antes.

En nuestra mente, es un lugar eufórico, en algún lugar con valor, un futuro más brillante, en cualquier lugar menos donde estamos en ese momento y de alguna manera, tenemos fe en este lugar que nos hemos dicho que nos traerá realización y dirección.

Sin embargo, esta utopía es solo un producto de nuestra imaginación.

En realidad, lo que realmente ocurre son decepciones y contratiempos. Con el tiempo, a medida que la vida nos demuestra que no puede entregarnos nuestra feliz ilusión de una utopía que, sinceramente, está siendo promovida por todo tipo de medios, nos volvemos inquietos.

Cada día, nos sentimos cada vez más insatisfechos con la vida a medida que ganamos y adquirimos más, sin embargo, nuestros verdaderos deseos no se cumplen. Pronto, comenzamos a sentirnos más melancólicos y desanimados, inquietos y aprensivos, como si hubiera una presión sobre nosotros y, posteriormente, comenzamos a actuar irracionalmente porque sentimos que el universo nos ha fallado. Esto no ayuda a nuestras amistades y relaciones con las personas que nos rodean. La mayoría de las veces, un hombre deprimido pierde conexión con todo lo que es real.

Es una tortura mental seguir manteniendo tu vida como rehén en anticipación de un momento surrealista en el que quieres estar en cualquier lugar menos donde estás en este momento o ser alguien diferente de quien eres actualmente. Parece que estamos atrapados en fantasías que hemos creado, todas las cuales dependen de esa singular esperanza de que hay algo que podemos y deberíamos estar haciendo para sentir satisfacción en la vida.

¿Qué tal si hacemos una pausa de todo y consideramos que podemos encontrar felicidad total y completa en el presente?

Puedo garantizarte una cosa; si estás dispuesto a detenerte con la rapacidad, entonces comenzarás a darte cuenta de que el aquí y el ahora es justo donde necesitas estar para finalmente sentirte satisfecho.

La verdad es que, a pesar de las pruebas que enfrentas en la vida cada día, cada momento es precioso y así debería ser. Necesitas comenzar a considerar la vida tal como es.

La vida es una efimeridad integral y cada segundo, cada instante no es más que un pedazo de ella. El tiempo realmente no espera a nadie y a la naturaleza no le importa. Todo lo que tenemos son cadenas de espléndidos segundos y experiencias que conforman nuestra entidad. Debes darte cuenta de que solo puedes vivir una vez, así que estos instantes compartidos no pueden ser otra cosa que meros momentos, así que vive en ellos, sé consciente de ellos.

Para aquellos que aún no están lo suficientemente inspirados como para dejar de lado la innecesaria cavilación sobre lo que el futuro realmente depara o no, ¿debo recordarles que llegará un día en el que simplemente no tendrán la capacidad de preocuparse? Aceptenlo o no, la dura verdad es que la muerte probablemente los arrebatará antes de que esa ilusión que han creado tan perfectamente se materialice.

Nunca podrás recuperar esos segundos que lamentaste o evitaste. ¡Ese tiempo se ha ido para siempre! Aprecia cada instante, aprovecha el día, muéstrate amor, muestra amor a las personas que te rodean y ama la tierra, es tu planeta después de todo.

Haz un esfuerzo por encontrar satisfacción y felicidad en cada momento, especialmente en el aquí y el ahora, no los ignores. Tu reacción a este momento presente influirá en gran medida en el siguiente momento y en los momentos subsiguientes. Esto tiene un efecto en cuántas oportunidades tienes en la vida y cuánta riqueza acumulas en última instancia.

Por lo tanto, vive el momento, ya sea que estés disfrutando o no disfrutando de cada segundo, vive en cada momento en lugar de desear que te suceda algo espectacular.

Si sigues esperando a que algo específico suceda para ser feliz, es posible que nunca puedas llenar el vacío de insatisfacción que has cavado en tu propio corazón. Si nada nuevo ha podido satisfacerte por mucho tiempo, entonces sabes que estoy diciendo la verdad. Después de un tiempo, ese nuevo producto ya no te satisface, ni tampoco lo hace ese logro o esa nueva cita. Sigues sintiéndote vacío e insatisfecho. Pronto te encuentras en un ciclo al establecer otro nuevo objetivo y terminas sintiéndote exactamente igual.

Necesitas comenzar a decirte a ti mismo que la satisfacción y la alegría no te están esperando en algún futuro lejano ni te han pasado por alto. Está justo a tu alcance en el aquí y el ahora, en cada momento que pasa. Es hora de vivir en el momento y apreciar la belleza en cada segundo, es hora de comenzar a vivir plenamente. ¡Esto es! ¡Ya está ocurriendo, toma lo que es tuyo!

No hay momento más perfecto que este aquí, ahora mismo. No hay momento absoluto. Este está sucediendo justo como debería. Vívelo ahora.

Capítulo 19: Deja de preparar tu día para el estrés y la sobrepensación.

Escapar completamente de días abrumadores y excesivamente estresantes no es posible, pero puedes reducir la cantidad de estos días por mes o anualmente, comenzando bien tu día y no preparándote para un estrés irrelevante, agonía y pensar en exceso.

Tres puntos que ayudarán con esto son:

Empieza bien. La forma en que comienzas tu día, la mayoría de las veces, establece el ritmo con el que se desarrollará tu día. Un día difícil será el resultado de una mañana estresante. Recibir malas noticias en tu camino al trabajo te hará tener pensamientos negativos todo el día.

Mientras tanto, si lees un artículo nutritivo durante el desayuno, hacer un poco de ejercicio y luego comenzar tu día con tu tarea más crucial crea un gran ánimo para tu día y asegura que estés optimista todo el día.

Enfócate en una sola tarea y toma descansos regulares. Esto ayuda a mantener un enfoque agudo todo el día y a realizar las tareas más cruciales. Al mismo tiempo, crea espacio para la relajación y el rejuvenecimiento, para que no te sientas agotado.

Este tipo de actitud relajada con un enfoque agudo te hará pensar con claridad y precisión, evitará un espacio mental cansado y sobrecargado de pensamientos.

Minimiza tu entrada diaria. El exceso de noticias, revisar continuamente tu bandeja de entrada y cuentas de redes sociales, o el progreso de tu blog o sitio web causa una entrada excesiva y congestiona tu mente a medida que avanza el día.

Por lo tanto, es más difícil contemplar con facilidad y claridad, no será difícil caer de nuevo en el conocido comportamiento de sobrepensar.

Gestiona tus picos. Inmediatamente que aprendas a localizar tareas importantes, puedes planificar cómo lograr el máximo rendimiento. Esta es la parte donde reunimos nuestra fuerza innata.

Somos bien conscientes de que una vez que el trabajo avanza de manera constante, las distracciones se disipan, nuestra concentración está en su punto máximo, y nuestro trabajo nos deja asombrados; esto es perfecto. Ciertamente, no podemos descuidar las tareas vitales (a veces repetitivas) que sirven como mantenimiento para nuestras empresas, pero podemos notar cuándo estamos funcionando en tiempo utilizado frente a tiempo no utilizado.

Si estamos absortos y luchando con tareas cruciales en nuestras horas máximas, querramos trabajar más tiempo y sentirnos menos cansados a medida que pasa el tiempo. Reducir nuestro tiempo no utilizado también puede maximizar nuestra fuerza y motivación y ayudar a nuestra concentración en un buen pensamiento crucial en lugar de un mal pensamiento innecesario. Una vez que hayas identificado tus períodos de mayor productividad, estás listo para aprovechar estas horas valiosas.

Comienza bien. Realiza una sola tarea y toma descansos regulares. Minimiza tu entrada diaria.

Capítulo 20: Aceptando Todo lo que Sucede.

Esto se obtiene de una de las lecciones de la filosofía estoica. El enfoque de esto es que debemos aceptar lo que ocurra, que puede ser tanto malo como bueno, y creer que sucede para un bien mayor, incluso si no parece así en este momento.

La mayoría de las veces, el exceso de pensamiento ocurre como resultado de pensar en cosas que ocurrieron en el pasado. Comenzamos a imaginar cómo habrían sido las circunstancias si las cosas no hubieran ocurrido de la manera en que lo hicieron. La depresión a menudo ocurre mientras seguimos repitiendo y sobreanalizando las situaciones en nuestras mentes.

Los problemas del hombre son el resultado de sus propios pensamientos que él mismo crea. El significado de una cosa se obtiene del significado que le das. Tu cerebro da significado a los eventos de la vida para poder entender lo que está sucediendo.

El significado que asignes a tus experiencias cambiará continuamente tus sentimientos; además, la calidad de tu vida se obtiene de las emociones que sientes.

El significado que asignes a una situación puede estar equivocado si se ve a través de una lente distorsionada.

Como ejemplo, la falta de confianza será la base que asignes a todas las relaciones futuras si fuiste engañado en una relación pasada. Esto es solo un lado de la imagen y no puede ser categorizado como incorrecto o correcto.

Tu felicidad depende de que mires hacia atrás a los eventos que han ocurrido y aceptes lo que es y dejes ir lo que no puedes controlar.

La forma en que pensamos es lo que nos impide alcanzar la felicidad, no las casas de lujo, una cuenta bancaria llena de dinero o coches elegantes. Aunque estas cosas son buenas para tener, tienden a desgastarse con el tiempo y se vuelven insignificantes si no eres capaz de sentir satisfacción y paz por dentro.

La sobrepensación no te ayuda a mejorar, ni te permite experimentar la belleza de la vida. De hecho, es cierto que empezarás a cargar con emociones tóxicas.

Como enseñan los principios estoicos, preocuparse no tiene efecto en los eventos que ya han ocurrido, ya que no se pueden cambiar.

Acepta y cree que lo que pasó lo hizo para tu mayor bien en lugar de culparte a ti mismo por lo que había sucedido.

Formas de Dejar Ir las Heridas del Pasado

Crear espacio para la felicidad y la nueva alegría en tu vida es la única manera de poder aceptarlas. No hay forma de que puedas permitir que algo nuevo entre en tu corazón si ya está lleno de dolor y sufrimiento.

1. Toma la decisión de dejarlo ir. Las cosas no simplemente desaparecen por sí solas. Necesitas estar comprometido a dejarlas ir. El autosabotaje puede surgir, impidiéndote avanzar si no decides conscientemente dejar atrás el dolor del pasado.

Necesitas ser capaz de entender que es tu elección dejarlo ir cuando decides hacerlo conscientemente. Deja de pensar en el dolor del pasado. Deja de revivir los recuerdos, concerniendo los eventos en tu cabeza, cada vez que recuerdas a la otra persona (después de que hayas superado el segundo paso a continuación). Esto empodera a la mayoría de las personas a medida que se hacen conscientes de que tienen la capacidad de continuar sintiendo el dolor o vivir una vida libre de dolor.

2. Expresa tu dolor y responsabilidad. Dale voz al dolor que sentiste por el daño, ya sea directamente a la otra persona involucrada, o a través de eliminarlo de tu sistema (escribiendo en un diario, desahogándote con un amigo, o incluso anotándolo en una carta que nunca entregarás a la otra persona involucrada). Asegúrate de sacarlo de tu sistema. Esto te ayudará a saber exactamente qué te causó sentir dolor.

Vivimos en un mundo de gris, aunque a veces parece que vivimos en un mundo de blanco y negro. Sin embargo, la cantidad de responsabilidad del dolor que sentiste puede no ser la misma, podrías ser parcialmente responsable de ello. ¿Qué otra opción o paso podrías haber emprendido? ¿Estabas participando activamente en tu propia vida o eras simplemente una víctima? ¿Vas a permitir que tu dolor defina quién eres? ¿O te convertirás en alguien más complejo y con más profundidad que eso?

3. Deja de hacerte la víctima. Aunque se siente bien ser una

víctima, similar a pertenecer a un equipo ganador contra cada otra persona. Pero sabes qué? Al mundo simplemente no le importa, así que necesitas pensarlo de nuevo. Es cierto, eres único. Es cierto, tus sentimientos importan. Pero no confundas "tus sentimientos importan" con "tus sentimientos por encima de todo y nada más importa." Esta cosa llamada vida es un montón de cosas como compleja, desordenada e entrelazada y tus emociones son sólo una parte de ello.

En todos los pasos de tu vida, tienes la opción de seguir permitiendo que las acciones de otra persona te hagan sentir bien o mal. ¿Por qué permitirás que alguien que te ha lastimado en el pasado siga teniendo el poder de lastimarte en el presente?

Los problemas en una relación no pueden solucionarse continuando rumiando o sobreanalizándolo. Nunca. No en toda la historia de este mundo. Entonces, ¿por qué elegirás pensar y gastar mucha energía en la persona que sentiste que te lastimó?

4. Concéntrate en el presente — el aquí y ahora — y en la alegría. Ahora es el momento de dejarlo ir. Deja de pensar en tu pasado y déjalo ir. Deja de retratar una imagen en la que eres el protagonista y siempre la víctima de las acciones hirientes de la otra persona. No puedes cambiar lo que ha sucedido en el pasado, solo puedes asegurarte de que hoy será el mejor día de tu vida.

Cuando te concentras en el presente, no tienes tiempo para pensar en el pasado. Siempre que recuerdes eventos pasados (como sucederá de vez en cuando), permítelo solo por un breve período de tiempo. Luego, vuelve suavemente al presente. La mayoría de las personas son capaces de hacer esto con la ayuda de una señal consciente, como decirse a sí mismas "está bien. Eso sucedió en el pasado y ahora me estoy concentrando en mi felicidad."

No olvides que no habrá espacio para cosas positivas si seguimos llenando nuestras vidas y cerebros con sentimientos heridos. Tendrás que elegir entre continuar sintiendo el dolor o permitir que la alegría entre en tu vida.

5. Perdónalos a ellos y a ti mismo. En esencia, todos tienen derecho a nuestro perdón, aunque puede que no seamos capaces de olvidar sus malas conductas. La mayoría de las veces, no podemos superar nuestra obstinación y dolor y no somos capaces de imaginar otorgar perdón. Perdonar no significa "concuero con lo que has hecho", más bien significa "te perdono a pesar de no estar de acuerdo con tus acciones."

El perdón no significa ser débil. En realidad, retrata "soy una buena persona, tú también eres una buena persona, tus acciones me han causado dolor, pero deseo continuar con mi vida y permitir que la alegría entre en ella y no puedo hacer eso hasta que deje ir esto."

El perdón es un método para soltar algo de manera tangible. También es una forma de sentir empatía por la otra persona y de intentar ponerte en los zapatos de la otra persona.

¿Cómo vivirás contigo mismo en la futura felicidad y paz, si no eres capaz de perdonarte a ti mismo?

La clave para disfrutar de la felicidad y detener el sobrepensar es la aceptación.

Capítulo 21: Da lo Mejor de Ti y Olvida el Resto.

Es bastante típico que te sientas inadecuado para poder gestionar ciertos casos cuando surge la necesidad. Es humano preocuparse por tu capacidad para realmente manejar el tema de manera adecuada. Puedes decir que no tienes suficiente dinero, o recursos, o suficiente determinación, no suficiente compromiso, no suficiente fuerza, o inteligencia para ello.

A veces, parece que todo está sucediendo al mismo tiempo y no puedes mantener el ritmo y caes en otro episodio de sobrepensar, lo que irónicamente solo empeorará la situación en lugar de ayudarte a manejarla, a pesar de que puede que incluso estés preparado para ello. Sobrepensar nos agota debido a todas las expectativas que ponemos en nosotros mismos y la necesidad continua de perfección.

¿Alguna vez has considerado que simplemente dar lo mejor de ti es suficiente y que no tienes que preocuparte por las cosas que están más allá de tu control? Está bien ser diferente, ser peculiar. No tiene que parecerse a la vida de otra persona. Se te permite tener una historia completamente diferente que contar.

Preocúpate más por ofrecer tu mejor esfuerzo en lugar de angustiarte por lo que pueda ser el resultado. Ante ciertas situaciones, las cosas que están fuera de tu control pueden ser, en realidad, los factores determinantes del resultado final. Por esta razón, angustiarse no te servirá de nada, así que simplemente da lo mejor que tienes para ofrecer y deja que todo descanse.

Te garantizo, no tienes que hacer nada extra, tu mejor esfuerzo es tu mejor esfuerzo y siempre dará sus frutos de una forma u otra. Esfuérzate por dar lo mejor de ti porque, piénsalo, tu mejor esfuerzo es todo lo que puedes hacer en relación con ese asunto. Para algunos consejos sobre cómo seguir dando lo mejor de ti para una mayor efectividad:

- Derrama tanto amor sobre ti mismo. Amarte a ti mismo es sinceramente la clave de la vida misma. Desde ese profundo pozo de amor por ti mismo, verdaderamente puede surgir la inspiración para dar lo mejor de ti, sin importar qué. Te vuelves más amable, más benévolo, cariñoso, motivado y cada una de las características que siempre has deseado para ti cuando empiezas a amarte a ti mismo.

- Deja de buscar faltas y de ser idealista. Es bueno establecer altos estándares para nosotros mismos hasta que comenzamos a caer en la depresión porque resultan ser inalcanzables. Sé que dicen que apuntes a las estrellas y si caes, al menos caerás entre las nubes, pero no te dispares en la pierna por eso. Establece una meta, pon tu mejor esfuerzo, pero no te castigues porque no salga exactamente como quieres. Confía en el proceso y ten fe en el universo. ¡No, el universo no está en contra de ti!

- Sé consciente de tu entorno. La mejor manera de ser lo mejor que puedes ser es estar atento y consciente de las cosas que suceden a tu alrededor. Además, ten cuidado con tus reacciones ante cada ocurrencia. Considera tus próximas acciones, si es lo que deberías estar haciendo y si te beneficiará a largo plazo. Pregúntate si lo que estás haciendo en este mismo momento te ayudará a llegar a donde quieres estar en la vida. No necesitas un coach de vida cuando puedes responder estas preguntas a diario.

- Sé estructurado pero también fluido. Como se mencionó anteriormente, aclara tus deseos y tus necesidades y especifica qué te trae alegría. La certeza ayuda a la fluidez en la vida. Asegúrate de no sobrepensarlo, déjalo fluir.

- No olvides que la vida es un proceso. No trates de apresurarte a través de la vida. Llegarás a tu destino, solo aprecia el proceso, incluyendo las pruebas y las victorias. Vive en el presente y aprecia cada momento y cada respiración que tomas.

- No lo pienses demasiado. Suelta el miedo a fracasar cuando has dejado el resto. Los pensamientos negativos permanecen más tiempo y son dolorosos. Solo te hará pensar de más en eventos pasados y en el futuro desconocido. Más que nada, sabes que la mayoría de las historias que tejes en tu cabeza son falsas y sin fundamento. ¡Déjalas ir!

- **No estoy diciendo que será fácil despejar tu mente todo el tiempo, pero nunca dejes que la negatividad se instale en tu mente. Puedes elegir no reaccionar de la manera que quiere que lo hagas, dejándolo moverse sobre ti lenta pero seguramente. Sí, puedes elegir no dejarte afectar por esos pensamientos. ¡Déjalos ir! Cuando te resulte difícil borrarlos, teje una historia factual en tu cabeza para reemplazar las falacias que la negatividad genera.**

- Deja de ser crítico. Cuando tienes algo que decir sobre prácticamente todo lo que sucede a tu alrededor, obtienes la incómoda oportunidad de sobreanalizar y darle demasiadas vueltas a las cosas. Reduce tus opiniones y tu actitud crítica. Esto te ayuda a realmente dejar ir lo demás cuando has hecho lo mejor que puedes. No tienes que formar una opinión sobre ese incidente que realmente no es de tu incumbencia, o sobre esa persona. Estarás gastando energía mental útil y solo te estarás agotando.

Puedes darle un respiro a tu cerebro cuando ignoras la tentación de opinar o juzgar cosas triviales.

No tiene que ser difícil.

La gente tiende a pensar que si algo no es difícil o doloroso, entonces no es lo real. Todo puede ser fácil dependiendo de cómo lo veamos o cómo lo afrontemos. Permite que la naturaleza te moldeé y te dé forma. Sométete al cambio y al amor. Permítete ser amado completamente y retoma tu vida de las garras del miedo.

Aprende a amar. Estúdialo a fondo. Dedica tiempo a entenderlo. Deja que el amor te encuentre, te prepare y te moldee en una persona que nunca ha conocido fragmentos, en alguien cuya única memoria es la de la totalidad. Por eso vives y respiras. Este es el meollo de la vida; el amor. Todo lo demás es solo una adición. Cree en ti mismo y sé curioso. ¡Toma el control de tu vida por completo!

No te apresures, tómate tu tiempo. Gana unos, pierde otros, levántate, cae, pero levántate de nuevo... y no olvides reír a carcajadas y llorar con fuerza también. Canta, haz música con tu corazón. Armoniza con las melodías de aquellos que pueden escuchar tu canción. Sé todo esto con fe y gracia.

Hay tanto que hacer y pensar, simplemente haz lo que puedas y deja el resto.

Capítulo 22: No te presiones para manejarlo.

Sin saberlo, muchos de nosotros nos imponemos estrés adicional cuando ya enfrentamos estrés a diario.

La presión excesiva, acumulada con el tiempo, casi siempre causará una detonación. Por supuesto, no detonarás realmente, pero tendrás un colapso emocional, una pelea explosiva con alguien querido para ti, o te volverás depresivo cuando estés bajo presión autoimpuesta o presión social.

Evita ponerte bajo una presión excesiva si quieres prevenir dilemas físicos y psicológicos. Aunque hablar es fácil, puedes estar decidido a soltar algunas situaciones. Ten en cuenta que no puedes transformarte de repente, pero, conociéndote bien, puedes aprender a intentar no ser siempre perfecto.

Saber cuándo eres la causa de una presión innecesaria es el primer paso para reducir la presión sobre ti mismo. No te reprendas por este comportamiento general, más bien descubre cosas que hacer para dejar de autodestruirte y conviértete en tu socio más poderoso en la eliminación del estrés.

Ahora, ¿cómo podemos encontrar y liberar los puntos de presión? Te exijo que:

- Identifica tus "puntos de presión". Preguntas como: "¿Cómo me he estado presionando en diferentes aspectos de mi vida (mi vida amorosa específicamente)?" ayudarán en gran medida.
- También pregúntate esto: ¿Cuál es el efecto de mis puntos de presión en mis interacciones con las personas y en mi vida en general?
- Ahora intenta identificar el origen de los puntos de presión. La pregunta es: ¿De dónde proviene esta presión? Sé minucioso y francamente sincero contigo mismo.

Estos son algunos de los mejores métodos para maximizar tu vida y reducir el estrés autoimpuesto como resultado del exceso de pensamiento.

Comete errores, está bien. Aunque a nadie le gustan los errores, frecuentemente está destinado a suceder. ¿Cómo más se supone que debemos aprender?

Deja de darte principios poco prácticos. Todo el mundo comete errores y estos errores nos forman en las personas que somos en este momento.

No tengas miedo de deshonrarte o de estropear las cosas. Sin errores, no sabremos cuáles son las cosas que nos convienen y cuáles no. Extrañamente, los errores son eventualmente positivos.

Aprovecha las oportunidades, comete errores, estropea las cosas. Cuando finalmente logres superar el sobresalto, la experiencia y el conocimiento adquiridos te harán sentir agradecido.

Piensa como un realista optimista en lugar de un pesimista. A muchas personas les da miedo pensar positivamente, lo comparan con un juego mental en el que se desestiman temas relevantes o consejos útiles que la vida ofrece y terminan cometiendo errores que causarán estrés adicional.

Un método optimista que puedes usar es el pensamiento positivo, es una manera establecida de pensar que te permite concentrarte en los logros que aumentan tu autoestima y te permiten dar lo mejor de ti en el futuro.

Deja de compararte con los demás. No hay otra persona como tú. Esto debería darte placer. Deja de medirte con otras personas, particularmente en relación con estándares poco prácticos. No hay otra persona como tú ni como el compañero con el que te estás comparando.

Reconoce quién eres y ¡presúmete! El hecho de que no te parezcas a otra persona no debería hacerte sentir inferior. Medirte constantemente en comparación con los demás te obliga a concentrarte solo en lo desfavorable.

Agradece tus características especiales. Son específicas solo para ti. Agradece cómo te han tratado. Concéntrate en las cosas increíbles sobre ti. Cuando eres capaz de apreciar adecuadamente a ti mismo, ser optimista se vuelve fácil y puedes deshacerte de los pensamientos pesimistas que intentan meterse en tu mente.

Una de las cosas más difíciles que podemos hacer es olvidar. Pero si puedes olvidar las cosas que te agobian, volverse optimista en la vida se logra fácilmente. Llevar a cabo estos procesos ayudará a eliminar la presión y te permitirá vivir libre y ser feliz.

Realiza que nada es tan importante. ¿Es esa presentación de

PowerPoint para tu jefe o preparar invitaciones para el cumpleaños de tu primer hijo? En el gran plan, nada es lo suficientemente relevante como para que te agotes, te molestes o te entristezcas.

Nada vale la pena perder el sueño de la noche. No te preocupes tanto que te enfermes. Más bien, inhala, exhala y luego obtén respuestas a las preguntas planteadas anteriormente. Esto ayudará a poner las cosas en orden.

No te pongas demasiada presión. Nada debería tomarse demasiado en serio.

Capítulo 23: Diario para sacar los pensamientos de tu cabeza.

Hay varias razones por las que llevar un diario es una herramienta de gestión del pensamiento muy recomendada. Muchos tipos de investigación han demostrado la efectividad de llevar un diario para la felicidad, la salud y la gestión del estrés. Es una técnica simple y agradable. Existen diferentes formas de llevar un diario, y todos tienen la oportunidad de beneficiarse de ello. El hábito de llevar un diario debería hacerse parte de tu vida; puedes hacerlo diariamente, semanalmente o tanto como necesites en caso de que el estrés se vuelva demasiado intenso.

Una forma en que la escritura en un diario detiene el pensamiento excesivo es ayudándote a procesar tus pensamientos. Esto se debe a que el pensamiento excesivo puede causar rumiación y estrés mental si no se controla, aunque algunas razones para tu pensamiento excesivo pueden reducirse a través de un examen enfocado. Llevar un diario puede ser una excelente manera de revisar y transformar pensamientos rumiativos y ansiosos en pensamientos orientados a la acción y empoderadores.

Cómo empezar

Puedes salir de un área de estrés y sentirte aliviado en unos minutos siguiendo el plan a continuación. ¿Estás listo? ¡Consigue un bolígrafo o abre un documento y vamos!

Comienza escribiendo en tu diario durante 5 a 15 minutos. Escribe tus pensamientos y las cosas que te están perturbando:

- Escribe tus preocupaciones y continúa haciéndolo hasta que sientas que has anotado las cosas que necesitaban ser dichas sin caer en la rumia. Podrías desear utilizar un diario, una computadora o incluso papel y bolígrafo. Si haces uso de papel, intenta dejar una línea o dos por cada línea utilizada, ya que esto será útil más adelante.

- Explica lo que está sucediendo en ese momento y los eventos que actualmente están causando dificultades. No olvides que, al sobrepensar, no siempre es lo que está ocurriendo en el presente lo que causa estrés, sino tus preocupaciones sobre lo que puede suceder en el futuro. Si esto es así para ti, está bien; puedes dejar de lado lo que está ocurriendo actualmente e indicar que la única parte que realmente es estresante es lo que ocurrirá a continuación. (Esto puede, de hecho, llevar a un alivio del estrés en sí mismo).

- A continuación, escribe tus miedos y preocupaciones y ordénalos en función del tiempo, desde los más antiguos hasta los más recientes. Esto significa que comienzas con una de las cosas que te están causando estrés en el presente y piensas en a qué puede llevar. Luego, escribe tus miedos sobre lo que ocurrirá después.
- Escribe su efecto sobre ti.

Una vez que tus pensamientos estén en orden, busca qué puedes hacer para reducir un poco la ansiedad y el estrés interior.

Llevar un diario para lograr un mejor estado de ánimo

Poner tus miedos y preocupaciones en papel ayuda mucho a sacar esos pensamientos de tu cabeza y llevarlos a la superficie. A continuación, lee de nuevo y reflexiona sobre lo que has escrito.

El examen de tu distorsión cognitiva te ayuda a ver el beneficio de cambiar el hábito de los patrones de pensamiento que inducen estrés.

- Una vez que hayas observado lo que te preocupa en este momento, analiza tus otras opciones. ¿Es posible que haya cambios ahora mismo? ¿Hay cosas que puedas hacer para cambiar los eventos o tus pensamientos sobre los problemas?

- Cuando escribes lo que temes que suceda a continuación, piensa lógicamente y esfuerza por argumentar contigo mismo. Escribe cualquier cosa que surja a cuestión si realmente es una preocupación o no. ¿Qué tan posible es que esto ocurra y cómo sabes que ocurrirá? ¿Qué tan seguro estás? Si tus preocupaciones realmente ocurren, ¿es posible que no sea tan negativo como esperabas que fuera? ¿Es posible que se vuelva neutral o incluso, mejor, un evento positivo? ¿Es posible que puedas utilizar tus circunstancias para obtener un mejor resultado para ti, aprovechando las cosas disponibles para ti y los posibles cambios que pueden ocurrir? ¿Qué mejor cambio puedes traer?

Ahora entiendes. Enfrentar tus miedos generalmente te ayuda a aliviar la ansiedad. Comienzas a ver que las cosas son poco probables de ocurrir una vez que piensas que son malas o no tan malas como crees que pueden ser.

- Por cada preocupación o miedo que tengas, procura escribir al menos una o dos formas en las que puedas verlo de manera diferente. Crea una historia completamente nueva para ti, un nuevo conjunto de posibles eventos, y anótalo en papel junto a tus miedos en los que estás pensando.
- El examen de tu distorsión cognitiva también puede ayudarte a ver el beneficio de cambiar el hábito de patrones de pensamiento que inducen al estrés.

Puede ser bastante útil procesar lo que sientes en papel. Escríbelo, prepárate para lo peor y espera lo mejor.

Capítulo 24: Cambiar de canal.

Nunca te permitas aburrirte de la vida, siempre mantente ocupado con cualquier cosa que te interese. Participa en cualquier actividad que te emocione y que también pueda distraerte de las preocupaciones. Todos enfrentamos diferentes desafíos en la vida, pero no debemos concentrarnos en ellos. Sin embargo, una mente ociosa no tiene otra opción que preocuparse y sobrepensar los problemas que rodean la vida. Cuanto menos ocupado estés, más tiempo tendrás para preocuparte. Por lo tanto, es muy necesario que consigas cualquier forma de distracción, algo que pueda involucrar tu mente y aliviar tus ansiedades.

Observa que la mayor parte del tiempo, cuando te estás involucrando en algo que te da alegría, tu mente parece estar libre de pensamientos y simplemente disfrutando del momento, y es en este momento cuando puedes decir "me la pasé bien". Cuando estás ocupado viviendo cada segundo de tu vida haciendo esto (involucrándote en cada actividad que te emociona); tiendes a olvidar tus preocupaciones, aliviando así tu mente del estrés.

Distráete con actividades como deportes, jardinería, ver una película, incluso conversar con seres queridos. Lo que elijas para distraerte debe ser algo que amas y que pueda desviar tu atención de las ansiedades. Tu distracción también debe ser algo que se pueda hacer de manera regular. Si tienes muchas horas libres, incluso puedes considerar ofrecer servicios voluntarios a niños, ancianos, e incluso animales. Ayudar a otras personas es otra forma de distraerte de tus propios problemas y concentrarte en los demás. También te ayuda a sentirte útil, en lugar de preocuparte por cosas sobre las que no tienes control.

Encontrar una distracción es como intentar curar un corazón roto. Es una forma de ayudarte a seguir adelante del dolor y el sufrimiento, te ayuda a reconsiderar los hechos y apreciar la vida más. Las distracciones son como buenos amigos que constantemente nos ayudan a encontrarnos cuando estamos perdidos.

Esta habilidad (habilidad de distracción) se utiliza a menudo en el campo médico para calmar a los pacientes y distraerlos del dolor o de cualquier otra forma de malestar. Esto es para mostrar que esta habilidad o arte es muy necesaria en todos los ámbitos de la vida. El objetivo de distraernos es darnos la oportunidad de experimentar otras cosas por las que podemos sentir gratitud. Nos abre los ojos para ver el mundo que nos rodea y apreciarlo.

Una vez que comiences a involucrarte más con la vida, sin crear ningún espacio para los sentimientos de ansiedad y preocupaciones, notarás la mentalidad positiva que viene con la paz mental.

Hay listas interminables de distracciones en las que puedes involucrarte, pero a continuación se enumeran algunas;
- El hábito de escuchar música relajante
- Consigue una mascota con la que puedas acurrucarte.
- Tomar té o disfrutar de tu mejor aperitivo

- Optar por largas caminatas
- Ejercicio
- Participa en deportes
- Leer un libro
- Puedes escribir
- Quédate quieto un rato o take a nap.
- Limpiar la casa
- Sal a comprar, a encontrar amigos, o simplemente a pasear
- Dibujo
- Recitar rimas o el ABC

Sea lo que sea que hagas, simplemente encuentra un pasatiempo. Distráete para salir de la rutina.

Capítulo 25: Tómate un descanso.

Puedes ser arrastrado por problemas cuando simplemente estás tratando de concentrarte en el trabajo presente o solo quieres divertirte.

Cuando experimentas una situación que está más allá de tu control, buscar una actividad positiva en la que involucrarte es una opción saludable. Busca una distracción, algo que te brinde placer o consuelo, o que te haga sentir mejor.

Relajarse en la naturaleza es revitalizante, calmante y un gran alivio para el estrés y la preocupación. Cada vez que te sientas abrumado por pensamientos desbordantes en tu mente, sal a dar un paseo por la playa, junto al río o en el parque.

El objetivo es conectar contigo mismo. Concéntrate en los sonidos, vistas y olores de tu entorno. Tomar un descanso alejará tu mente de tus preocupaciones, te calmará y te confortará.

Descanso para Resultados

Crear tiempo para descansos físicamente y mentalmente refrescantes es fácil. Busca una actividad que disfrutes.

Selecciona entre estas opciones para probar durante tu próximo descanso.

Estiramientos. Si eres como muchas personas que se sientan frente a una computadora o un escritorio durante mucho tiempo, levántate de tu silla al menos una vez cada hora para moverte y estirar las piernas y los brazos. Además, apartar regularmente la vista de la pantalla hace que tus ojos se cansen menos.

Caminar. Los movimientos de caminar aceleran la circulación, lo que te hace más activo y reduce la tensión en tus músculos. Además, un cambio de entorno podría brindarte una nueva solución o perspectiva a un problema persistente.

Respiración. Inhalar despacio y profundo por la nariz y exhalar por la boca es una forma de ejercicio para controlar la respiración. Este es un gran método para refrescar la mente, aliviar la tensión y mejorar la alerta. Puedes practicar estos ejercicios de respiración acostado o sentado en una silla. Para obtener resultados efectivos, intenta hacer hasta 8 repeticiones dos o tres veces al día.

Ejercicio. Siempre que puedas, haz ese paseo en bicicleta o esa caminata de 20 minutos. Cortos períodos de ejercicio aumentan tu frecuencia cardíaca y mejoran la circulación, te hacen más alerta, mantienen tu peso bajo control, mejoran tu apetito y te hacen sentir menos cansado.

Visualización. Una estrategia para obtener los efectos positivos de un entorno sereno cuando no puedes estar allí, en realidad, es a través de la Visualización. Por ejemplo, si estás teniendo un mal día en el trabajo, puedes acostarte o sentarte en una silla durante algunos minutos e imaginar que estás en tu lugar favorito de vacaciones o sentado en una reconfortante bañera de hidromasaje que hace que todo el estrés se disuelva. Visualiza tantos detalles emocionantes como puedas: olores, sonidos y vistas. Esto transmite impulsos a tu cerebro, diciéndole que se desacelere.

Lee un libro. Un poco de distracción es todo lo que se necesita para escapar del confinamiento. Olvídate de Internet y lee un libro. Sumérgete en una historia romántica o lee algo que te lleve a un lugar y tiempo diferentes. Si es imposible despejar tus preocupaciones, aléjate de ellas.

Ayuda a alguien más. Deja de ser egoísta. Piensa en otras personas. Conviértete en voluntario local, dona a una buena causa, haz sándwiches para las personas sin hogar en tu área. La forma más fácil de dejar de pensar en ti mismo es pensar en otra persona.

Mucho de lo que nos pesa y nos hace perder el sueño se puede arreglar con unas horas de disfrute, placer o distracción, en lugar de otro día estresante lleno de preocupaciones y ansiedad.

Al adoptar estas estrategias, sigue las señales de tu cuerpo y no permitas que una rutina estricta dicte tus descansos. Cuando tus descansos se convierten en otro deber en tu lista de tareas, será difícil obtener los beneficios que deseas. Así que, toma ese descanso cuando más lo desees.

Tu estado de ánimo, junto con tu perspectiva, mejorará. Todo, incluidos los desafíos imposibles en la vida, parece ser más fácil cuando te tomas un descanso de todo el estrés. Un poco de espacio para respirar puede preservar tu perspectiva y ayudarte a explorar otras opciones para un cambio positivo.

Consolida todos tus problemas en lugar de dejarlos interrumpir tu vida diaria.

Capítulo 26: Hacer ejercicio.

Tu salud, así como tus actividades diarias, pueden verse negativamente afectadas por el pensamiento excesivo. Como ya sabes, el proceso de pensar demasiado es tedioso, consume una gran parte de tu tiempo y te impide participar en actividades productivas.

Tiendes a considerar cada situación como demasiado compleja y tu cerebro se estresa por el exceso de análisis. Por lo tanto, es muy difícil desplegar tus habilidades para resolver problemas y tus habilidades analíticas. La mayoría de las veces, estás molesto y decepcionado contigo mismo. Eventualmente, estos resultan en ansiedad y depresión. Las cosas pequeñas comienzan a aterrorizante o irritarte, incluso podrías llorar. Además, hay una aceleración en el proceso de envejecimiento, hay un cambio en tu patrón de sueño y podrías experimentar un trastorno de la alimentación.

No solo hacer ejercicio ayuda a limitar el exceso de pensamiento, sino que también reduce el estrés interno y la ansiedad.

Como sabemos, no hay manera de que puedas apagar tu cerebro si no deseas pensar. El proceso es difícil, pero es inofensivo intentarlo y también puedes mejorar la calidad de tu vida mientras haces esto.

Necesitas una gran concentración mental para participar en un entrenamiento intenso, esto implica que toda tu concentración estará en el ejercicio, en lugar de las varias imaginaciones que corren por tu mente.

Además, se liberan endorfinas en tu cerebro cuando haces ejercicio, lo que conduce a una sensación general de bienestar y positividad. Esto reduce el riesgo de tener pensamientos perturbadores o negativos.

Cómo el ejercicio promueve el bienestar positivo

Las personas que se sienten mentalmente saludables también pueden mejorar su salud haciendo ejercicio. Se ha descubierto que participar en actividad física estimula un sueño de calidad, mejora el estado de ánimo y aumenta los niveles de energía.

Los beneficios de la actividad física para la salud mental son numerosos, incluyen:

Las hormonas del estrés se reducen al hacer ejercicio. Las hormonas del estrés, como el cortisol, se reducen cuando te ejercitas. Las endorfinas, tu hormona de la positividad, también se liberan cuando te ejercitas y esto ayuda a mejorar tu estado de ánimo.

La actividad física desvía tu atención de las emociones y pensamientos negativos. La actividad física te distrae de tu problema, canaliza tu mente hacia tu actividad presente o te mueve a un estado de calma.

El ejercicio aumenta la confianza. Hacer ejercicio ayuda a tonificar los músculos, perder peso y lograr una sonrisa saludable y un brillo radiante. Es posible que experimentes una mejora leve pero significativa en tu estado de ánimo, tu ropa te queda mejor y emanas un aura de confianza renovada.

El ejercicio puede ser una excelente fuente de apoyo social. Hay beneficios comprobados del apoyo social y muchas actividades físicas pueden considerarse también actividades sociales. Así, no importa si juegas softball en una liga o te conviertes en miembro de una clase de ejercicios, el entrenamiento en grupo puede proporcionar los beneficios adicionales de aliviar el estrés.

La mejora de la salud física equivale a una mejora de la salud mental. Aunque el estrés resulta en enfermedad, la enfermedad también puede resultar en estrés. Mejorar tu bienestar general y longevidad a través del ejercicio puede prevenir mucho estrés a corto plazo, al aumentar tu inmunidad a la influenza, resfriados y otras enfermedades menores. Y a largo plazo, al mejorar tu salud durante un buen tiempo, ayudándote a sacar lo mejor de la vida.

El ejercicio te protege del estrés. Podría haber un vínculo entre la actividad física y la reducción de la respuesta fisiológica al estrés. En términos más simples, el estrés tiene un efecto reducido en las personas que hacen ejercicio activamente. Además de otros beneficios, el ejercicio podría hacerte inmune al estrés potencial y puede ayudarte a manejar el estrés en el presente.

Tipos de ejercicios para superar el pensamiento excesivo

Estos tres ejercicios te ayudarán a vencer la práctica de sobreanalizar y pensar en exceso. Adhiérete a este increíble patrón y transforma tu vida.

Experimenta con el yoga. Una excelente manera de reducir la presión en tu cerebro y aliviar el estrés es practicando yoga. El yoga ayuda a canalizar tu atención y concentración de cosas insignificantes a tu respiración y cuerpo, entrando en un estado de meditación.

Experimenta con la Postura Fácil en Yoga. Contrario a lo que su nombre implica, no es fácil. Te sientas con los huesos de la cadera planos en el suelo y extiendes tu columna. Relaja tus hombros y afloja tu rostro a un estado de tranquilidad. Deja caer tus brazos sobre tus rodillas y respira profundamente durante al menos un minuto. Esto eliminará toda tu preocupación y estrés mental.

'Rodillas al Pecho' es otro gran ejercicio. Lo único que debes hacer es recostarte y abrazar tus rodillas cerca del pecho. Haz movimientos de balanceo de lado a lado y respira profundo durante un mínimo de 40 segundos.

Ejercicios cardiovasculares de rutina. Este es un gran método de relajación. Las endorfinas son analgésicos naturales que se liberan durante períodos prolongados de aumento de la frecuencia cardíaca. No solo el ejercicio regular disminuye el nivel de estrés en tu cuerpo, sino que también puede ayudar con la pérdida de peso, aumentando tu confianza. Si eres un principiante, prueba estos ejercicios relativamente simples.

Comienza dando un paseo por las colinas. Puedes incluir pesas de tobillo o usar tiras para muñeca o mancuernas para aumentar tu ritmo cardíaco. De lo contrario, usa una caminadora; enciende tu música preferida para evitar que tu cerebro se distraiga con cosas insignificantes. Andar en bicicleta es otra excelente opción si no disfrutas caminar.

Usar las escaleras es otra opción. Corre o camina por las escaleras, dos a la vez durante unos 10-15 segundos, de lo contrario, experimenta con el Stairmaster en el gimnasio.

Participa en la relajación muscular progresiva. Este es un proceso de dos etapas. Primero, contraes y luego relajas varios músculos de tu cuerpo. Esto ayuda a neutralizar el estrés y los músculos tensos en tu cuerpo. Un cuerpo relajado es igual a una mente relajada. Ten en cuenta preguntar a tu médico sobre cualquier historial de dolor de espalda o muscular antes de hacer esto para que puedas evitar la exacerbación de una lesión subyacente.

Puedes comenzar con el pie derecho. Aprieta con fuerza durante 10 segundos, luego déjalo relajarse. Haz esto también con tu pie izquierdo y asciende de la misma manera. Recuerda tomar respiraciones profundas y lentas durante todo el proceso.

El estrés se reduce al participar en actividad física rutinaria.

Capítulo 27: Consigue un pasatiempo.

Hacer algo que amamos nos da felicidad y mejora nuestras vidas. Este es un buen método para dejar el hábito de pensar en exceso. Ten un escape artístico constante que ames. Cualquier cosa productiva como la programación, el diseño gráfico, la música, el dibujo y la pintura, estar involucrado en un deporte, y otros.

El mejor método para comenzar otro pasatiempo es intentar algo diferente. Hay actividades increíbles y divertidas en todo el mundo en las que podemos sumergirnos y convertir en nuestras. Ofrece algo interesante que hacer mientras estamos libres y brinda la libertad de obtener habilidades adicionales. Tu pasatiempo puede ser jugar videojuegos.

Todos somos específicos y diferentes, por lo tanto, nuestros pasatiempos y pasiones difieren. Y en cuanto encontramos un pasatiempo que amamos y que realmente nos interesa, nos quedamos pegados a él. Se convierte en un aspecto integral de nuestras vidas y nos fascina personalmente. Si tus pensamientos llegan a ser abrumadores, realiza tu pasatiempo y sumérgete en él. Apegate a él hasta que te sientas revitalizado.

Hay numerosas razones por las que todos deberíamos adoptar un pasatiempo, pero estos son algunos beneficios importantes:

- Te hace más interesante. Tener pasatiempos te abre a encuentros diversos, así que tendrás muchas historias que contar. Son especialistas en ese campo, así que pueden dar clases a cualquiera que tenga curiosidad sobre sus temas.

- Ayuda a aliviar el estrés al mantenerte ocupado en algo que disfrutas. Los pasatiempos son salidas para escapar del estrés de la vida diaria. Te permiten descansar y encontrar alegría en actividades que no están relacionadas con el trabajo o con otras obligaciones.

- Los pasatiempos te ayudan a volverte más paciente. Para adquirir un nuevo pasatiempo, debes estar tranquilo para aprender a hacer algo que nunca has hecho antes. Es probable que haya un período de aprendizaje y se requerirá paciencia para perfeccionar tus habilidades.

- Tener un pasatiempo puede ayudar a tu vida social y crear un vínculo con los demás. Un pasatiempo es una actividad que disfrutas constantemente con otros. Si eres parte de un club, participas en una liga, o simplemente ayudas a otros con el resultado de tu trabajo, un pasatiempo es una excelente forma de conocer y congeniar con personas que son apasionadas por las mismas cosas que tú.

- Te ayuda a desarrollar nuevas habilidades: Dedicando y dando tu tiempo a un pasatiempo, te lleva a construir nuevas habilidades. Continúas mejorando en un pasatiempo a medida que aumenta el tiempo que le dedicas.

- Ayuda a prevenir malos hábitos y el desperdicio de tiempo: El dicho "las manos ociosas son el taller del diablo" nunca pasa de moda. Tener buenos pasatiempos para hacer durante tu tiempo libre asegura que no gastes ese tiempo libre en actividades negativas o desperdiciadoras.

- Aumenta tu confianza y autoestima: Las probabilidades son que disfrutar de una actividad generalmente garantiza que serás bueno en ello. Exceler en cualquier actividad te ayuda a desarrollar orgullo en tus logros y a aumentar tu confianza.

- Aumenta tu conocimiento: Desarrollar tu pasatiempo no solo garantiza construir nuevas habilidades, sino que también asegura que adquieras nuevos conocimientos.

- Te desafía: Al participar en un nuevo pasatiempo, comienzas a involucrarte en actividades que son nuevas y desafiantes. Si no es un desafío para ti, tu pasatiempo será menos placentero y puede que no lo encuentres interesante.

- Los pasatiempos ayudan a reducir o erradicar el aburrimiento: Los pasatiempos aseguran que tengas algo que hacer en tu tiempo libre. También aseguran que tengas algo que te emocione y algo que esperar.

- Enriquece tu vida y te da una perspectiva diferente sobre las cosas: Es cierto que tendrás acceso a nuevas ideas sin importar el pasatiempo que elijas. Los pasatiempos también te ayudan a crecer de varias maneras, incluyendo darte nuevas formas de ver la vida y ofrecerte nuevas opiniones.

Tu enfoque se desplaza de la sobrepensación a la actividad presente cuando te involucras en tu pasatiempo. Esto ayuda a mostrar tu creatividad y mejora tu coordinación y función cognitiva.

Capítulo 28: No seas demasiado duro contigo mismo.

A menudo, piensas demasiado como resultado de ser muy duro contigo mismo. Tu deseo de fortuna es tanto que te desesperas si tus planes no se concretan. Aún estás enojado contigo mismo por tu reciente fracaso.

Dado que todos deseamos un mejor mañana, tendemos a preocuparnos y pensar demasiado sobre cómo será nuestro mañana. Te molesta perder tu empleo, que tu empresa se ahogue, que un divorcio sea inminente y muchas otras cosas.

¡Detente! Porque estar molesto no cambiará nada.

En un sentido real, arruina tu momento presente. Acepta el hecho de que no puedes hacer nada sobre tu mañana y deja de molestarte por ello.

Si a menudo eres demasiado duro contigo mismo, eliminar tu comportamiento de sobrepensar se convierte en un problema. En realidad, la vida nunca sale como se planea.

A veces, las cosas no saldrán bien y no hay nada de malo en eso. Prepárate para dejar ir la culpa cuando las cosas no salgan como se planeó. A menudo, tú no eres la causa.

¿Por qué preocuparse por una situación sobre la que no puedes hacer nada?

Inmediatamente, cuando dejes de ser duro contigo mismo, el fracaso no provocará miedo en ti, lo que llevará a menos sobrepensamiento.

Reconoce que tu mañana sucederá como estaba destinado y dirige tu fuerza a actividades que te brinden placer y satisfacción.

Cómo dejar de ser tan duro contigo mismo

Es crucial ser tolerante y apreciarte a ti mismo para dejar de ser duro contigo mismo. En lugar de desperdiciar tiempo sintiéndote culpable, aprender a hacer que la vida sea mejor para ti.

- Ten expectativas realistas. Eres solo humano, así que entiende que no hay nada de malo en cometer errores. No hay persona perfecta y la vida no es perfecta. Cometer errores te ayudará a adquirir conocimiento y a desarrollarte, y cómo quieres que sea la vida no es a menudo lo que obtienes. Acepta el curso de tu vida, dedica tiempo a adquirir conocimiento y a mejorar como persona. Concéntrate solo en cosas que realmente puedes influir.
- Busca las lecciones en todo. En lugar de castigarte cuando cometes un error, acepta lo incorrecto y busca las moralejas en ello. Está bien ser criticado, pero asegúrate de que los críticos sean útiles y tengan una importancia relativa. Tener poca confianza en uno mismo está estrechamente relacionado con ser demasiado duro contigo mismo. Esté decidido a no ser duro contigo mismo. Pregúntate qué puedes hacer mejor en el futuro basándote en lo que has aprendido. Ve estos encuentros como una oportunidad de progreso.

- Desafía a tu crítico interno negativo. Las cosas que dices y piensas son importantes y ser pesimista deformará tu existencia. Cuestionarte repetidamente no te añadirá nada. Deja de vivir en tus errores. Este es un mal uso de la fuerza, es contraproducente y te mantiene estancado. Lucha contra el pesimismo y concéntrate en el progreso.

- Enfócate en lo positivo. Hay "bondad" en todas partes, pero lo más probable es que no la notes si eres duro contigo mismo. Busca deliberadamente lo positivo. Cuestiona las cosas que hiciste bien, lo que aprecias de ti y de tu existencia. Tener un diario y escribirlo es útil.

- Pon las cosas en perspectiva. ¿Son los errores que cometiste y tu vida tan trágicos como imaginas? ¿Dentro de unos 10 años, seguirá siendo importante? Puedes hablar con una persona de confianza al respecto.

- Usa afirmaciones. Por ejemplo "Puede que no sea el mejor, pero estoy adquiriendo conocimiento y progresando" o "lo que hice entonces fue lo mejor que supe hacer."

- Trátate como a un mejor amigo. Acepta tus imperfecciones, trátate con ternura y cúbrete de amor. Permítete hacer cosas nuevas, cometer errores, resolver problemas y avanzar. Valórate y conoce tu verdadero valor.

El progreso se detiene cuando eres demasiado duro contigo mismo. Pero puedes dejar de ser duro contigo mismo. Requiere determinación y fuerza, pero vale la pena. Si tienes algún problema o piensas que siempre estás estancado, no dudes en pedir ayuda. Desiste de ser duro contigo mismo, cultiva la autoconfianza y construye el tipo de vida que deseas.

No tienes que estar a cargo. Acepta que no puedes hacer nada respecto al mañana y que no tienes poder sobre todo.

Deja de ser un idealista

Capítulo 29: Duerme mucha y buena calidad.

Al mantener una actitud beneficiosa y no dejarse llevar por una mentalidad adversa, el sueño es un factor mayormente olvidado. Cuando no duermes lo suficiente, eres propenso a sentirte molesto y tener pensamientos negativos, no meditas con la claridad habitual y te dejas llevar por los diversos pensamientos que giran en tu mente mientras piensas en exceso.

Para adquirir y retener conocimiento, ser innovador, se requiere un cerebro brillante y atento. Por el contrario, se cometen más errores y hay una reducción en la creatividad en nuestras actividades cuando no se duerme lo suficiente.

El sueño adecuado asegura que tengamos el estado mental correcto para obtener información en nuestras actividades diarias. Además, se requiere un sueño adecuado para refinar y memorizar esa información durante un largo período de tiempo. El sueño causa alteraciones en el cerebro que consolidan la red de refuerzo del pensamiento entre las células cerebrales y envían información a través de los hemisferios del cerebro.

Beneficios del sueño

- Afilan tu atención. Habrás observado que es difícil concentrarse en las cosas cuando tienes demasiados pensamientos girando en tu cabeza. Es difícil aprender muchas cosas nuevas cuando piensas en exceso. Si estás adecuadamente relajado, tendrás más claridad y un enfoque agudo.

- Dormir mejora tu salud mental. Ve a la cama a tiempo para tu salud intelectual. Dormir reduce los signos de depresión. La falta de sueño puede causar ansiedad y aumentar el estrés. Cuando estás demasiado tenso para dormir, puedes levantarte de la cama, intentar meditar o escribir en un diario para ayudar a preparar tu mente para dormir.

- Mejora tu memoria. Hacer un recuerdo tiene tres fases. La fase uno es la adquisición, aquí es donde traes hechos a tu mente. La fase dos es la consolidación; aquí, la información se solidifica. Por último, la recuperación - y es justo lo que piensas, podemos volver a la información guardada. Las fases uno y tres ocurren durante nuestras horas de vigilia y la fase dos ocurre durante nuestras horas de sueño. Durante el sueño, el cerebro consolida y organiza nuestros pensamientos, esto ayuda a recordar el conocimiento adquirido anteriormente.

- Reduce tu estrés. Cuando no duermes lo suficiente, ¿has observado cómo cosas insignificantes te preocupan? Pensar demasiado te hace estar malhumorado y tener reacciones adversas ante inconvenientes e interferencias insignificantes. Dormir ayuda a disminuir el estrés.

- Ayuda a la toma de decisiones. Tu sueño afecta tus decisiones. Tener un tiempo de pensamiento inerte, como el sueño, ayuda a una buena toma de decisiones. ¿Conoces a alguien que quiera tomar una decisión que le cambie la vida estando cansado?

- Te ayuda a concentrarte en tus tareas. Si no duermes bien por ti mismo, duerme bien por tus responsabilidades. La investigación nos dice que dormir te ayudará a mantenerte consciente y atento durante todo el día, permitiendo que tu horario funcione más de lo que lo haría si no durmieras. Las siestas cortas también pueden agudizar tu concentración. La adquisición de conocimientos y habilidades tácticas se mejora con el sueño.

- El sueño limpia físicamente tu mente. Así como limpias la basura en tu hogar, deja que el sueño se lleve la basura de tu cabeza. Las toxinas que se acumulan con el tiempo son eliminadas por el cerebro cuando duermes. Probablemente por eso te sientes muy bien cuando te levantas de un gran sueño.

Cómo sacar el máximo provecho de tu sueño

- Aprende cuánto tiempo tardas en quedarte dormido. Si deseas dormir durante un período de tiempo determinado, en realidad debes considerar la cantidad de tiempo que usas para quedarte dormido. Una aplicación móvil de seguimiento del sueño puede ayudar con esto. Una vez que hayas estimado esto, tenlo en cuenta al pensar en tu tiempo de sueño.

- Mantenlo fresco. Entrar en un dormitorio acogedor está bien al principio. Sin embargo, me di cuenta de que duermo más cómodamente, en paz y con menos pesadillas en una habitación fría.

- Mantén los tapones para los oídos cerca. Si eres como yo, te despiertas con el más mínimo ruido, entonces los tapones para los oídos simples son lo mejor. Estos materiales de bajo costo han ayudado a mi buen descanso nocturno y me han ayudado a dormir, incluso si hay gatos ruidosos, personas que roncan y cualquier otra interrupción.

- No intentes obligarte a dormir. No te metas en la cama y te fuerces a dormir, cuando no tienes sueño. Por experiencia, hacer esto lleva a revolcarme en la cama durante más de una hora. Lo mejor que se puede hacer en una situación así es relajarse durante unos 20-30 minutos en el sofá, leyendo o haciendo cualquier cosa que consideres adecuada. Hacer esto me hace dormir mucho más rápido y eventualmente conseguir un sueño adecuado.

- No duermas demasiado tiempo. Lo que inicialmente me hizo odiar las siestas fue dormir por un tiempo incorrecto. Lo que está mal con esto es que puede causarte pereza al dormir: la sensación de aturdimiento y de estar más débil que antes de irte a dormir.

A medida que el flujo sanguíneo y la temperatura del cerebro son más bajos durante el sueño, despertarse de repente y experimentar un nivel elevado de función cerebral es inquietante.

Dormir más de 90 minutos no es útil porque empezarás otro ciclo de sueño. Además, dormir a última hora del día consistirá en un exceso de sueño de ondas lentas.

Restringe tu botón de repetición a 15 minutos. 30 minutos pueden causar inercia del sueño, o un ralentizamiento del córtex prefrontal del cerebro que se encarga del juicio. Reiniciar esto toma alrededor de 30 minutos.

El acuerdo general común a todos los estudios que investigué es optar por una siesta corta de 15-20 minutos, posiblemente tomando un poco de café de antemano, para levantarse con más energía (pero me sorprendería si puedes lograrlo), o dormir durante un ciclo completo de 90 minutos y estar despierto antes del comienzo del siguiente ciclo.

- Elige el momento adecuado del día. Dormitar cuando tus niveles de energía están habitualmente bajos puede ayudar a prevenir la sensación de la temida hora ilimitada cuando el día continúa lentamente mientras luchas contra tu somnolencia. Para aquellos que trabajan en el horario habitual de 9 a 5, este momento suele ser después del almuerzo: debido al ciclo innato de nuestro ritmo circadiano, estamos cansados dos veces en 24 horas. La mitad de la noche es uno de los picos de somnolencia y el otro, unas 12 horas después, está justo en la tarde.

Si no has dormido lo suficiente la noche anterior, el descenso en tus pensamientos se sentirá con más fuerza, por lo que querrás dormir una siesta más. En lugar de combatir este sentimiento con café y bebidas energéticas, puedes dormir una siesta corta para refrescar tu cerebro antes de enfrentar la tarde.

- Práctica. Para mejorar la siesta, la práctica es importante. Encontrar lo que es específico para ti puede tomar tiempo, así que sigue probando varios momentos del día, varias longitudes de siesta y varios métodos para despertarte.

Asegúrate de que tu entorno de sueño tenga poca luz. Ten una manta a la mano para mantenerte caliente mientras duermes.

Conclusión.

Necesitas entrenarte para dejar de sobrepensar y hacer un esfuerzo consciente para practicar esto a diario para que se convierta en un hábito. Controlar tus sentimientos y pensamientos requiere una práctica seria y compromiso.

Por sí solo, tus pensamientos pueden desviarse aleatoriamente de una idea a otra, pueden recorrer el camino de la memoria, perseguir pensamientos salvajes o agitar ideas amargas o resentimiento y rabia. Alternativamente, tu mente puede sumergirse en un mar de ensueños y un mundo de fantasía; si no se tiene cuidado, tu vida puede ser controlada por tales pensamientos aleatorios, de tal manera que cada decisión o acción que tomes se vuelva impredecible. Tales pensamientos intrusivos que puedes experimentar durante el día son evidencia de que la mayoría de las funciones de la mente probablemente estén más allá del control consciente. Además, nuestros pensamientos pueden sentirse tan poderosos y reales que pueden afectar la forma en que percibimos el mundo exterior.

Tómese un momento para descartar la suposición de que sus pensamientos espontáneos son insignificantes y totalmente inofensivos. En verdad, tales pensamientos pueden ser insignificantes en ese momento, pueden ser el producto de recuerdos o emociones pasadas, pero en el momento presente, podrían no reflejar la realidad.

La mayoría de nuestros pensamientos están bajo el control de nuestra mente subconsciente y nuestra mente subconsciente nunca nos otorgará un control total sobre nuestros pensamientos. Sin embargo, todavía tienes la capacidad de controlar algunos de tus pensamientos. Además, puedes cambiar algunos de tus hábitos y la forma en que reaccionas a ellos para obtener más control sobre tus emociones.

A medida que has recorrido este libro, has encontrado una variada selección de ideas y herramientas que pueden ayudarte a despejar tu mente para que puedas silenciar todas las voces negativas en tu cabeza, reducir el estrés y tener más paz mental.

Hacer esfuerzos conscientes para evitar sobrepensar es un curso de acción gratificante que impactará significativamente la calidad de tu vida. Al pasar menos tiempo atravesando pensamientos intrusivos y negativos "en tu mente" tendrás más tiempo para disfrutar del momento presente y de cada otro momento.

Manejo de la ira:

10 Poderosos Pasos para Tomar el Control Completo de sus Emociones, Para Hombres y Mujeres, Guía de Autoayuda para el Autocontrol, Psicología Detrás de la Ira. Incluso Para Padres.

Copyright 2024 Robert Clear - Todos los derechos reservados.

Este Libro se proporciona con el único propósito de ofrecer información relevante sobre un tema específico para el cual se han hecho todos los esfuerzos razonables para garantizar que sea tanto preciso como razonable. No obstante, al adquirir este Libro, usted consiente que el autor, así como el editor, no son de ninguna manera expertos en los temas aquí contenidos, independientemente de cualquier afirmación en tal sentido que se pueda hacer en su interior. Como tal, cualquier sugerencia o recomendación que se realice en su interior se hace únicamente con fines de entretenimiento. Se recomienda que siempre consulte a un profesional antes de llevar a cabo cualquiera de los consejos o técnicas discutidos en el presente.

Esta es una declaración legalmente vinculante que es considerada tanto válida como justa por el Comité de la Asociación de Editores y la Asociación Americana de Abogados y debe ser considerada como legalmente vinculante dentro de los Estados Unidos.

La reproducción, transmisión y duplicación de cualquiera de los contenidos aquí presentes, incluyendo cualquier información específica o extendida, se realizará como un acto ilegal independientemente de la forma final que tome la información. Esto incluye versiones copiadas de la obra, tanto físicas como digitales y de audio, a menos que se obtenga el consentimiento expreso del Editor con antelación. Todos los derechos adicionales reservados.

Además, la información que se puede encontrar en las páginas descritas a continuación se considerará tanto precisa como veraz en lo que respecta a la narración de hechos. Como tal, cualquier uso, correcto o incorrecto, de la información proporcionada liberará al Editor de responsabilidad en cuanto a las acciones tomadas fuera de su supervisión directa. No obstante, no hay escenarios en los que el autor original o el Editor puedan ser considerados responsables de ninguna manera por daños o dificultades que puedan resultar de cualquiera de la información discutida en este documento.

Además, la información en las páginas siguientes está destinada únicamente a fines informativos y, por lo tanto, debe considerarse universal. Como corresponde a su naturaleza, se presenta sin garantía respecto a su validez prolongada o calidad interina. Las marcas registradas mencionadas se hacen sin consentimiento por escrito y no pueden considerarse de ninguna manera un respaldo por parte del titular de la marca.

Introducción

¡Felicitaciones por descargar Manejo de la Ira y gracias por hacerlo! La ira es parte de las emociones humanas diseñadas para advertirnos de ciertas situaciones. Esta emoción puede resultar de la frustración, el estrés, la pérdida, la falta de respeto, las malas relaciones, la pobreza, etc. La ira puede asustar a cualquiera, especialmente si se vuelve abrumadora y no se maneja, ya que puede hacer que una persona actúe irracionalmente. En la mayoría de los casos, nos han enseñado que la ira es una emoción peligrosa y debe ser evitada. Sin embargo, es muy difícil evitar la ira en esta vida porque hemos experimentado ciertas cosas que nos hacen ofensivos o defensivos y alertas.

La ira es un acontecimiento natural, pero cómo reaccionamos ante ella es una elección. Nuestras reacciones son voluntarias o involuntarias. La ira descontrolada puede ser peligrosa; impide la capacidad de toma de decisiones de un individuo, daña las relaciones, destruye carreras y tiene otras consecuencias adversas. Por lo tanto, es esencial que uno entienda la ira y las formas en que puede manejarla. El manejo de la ira es la capacidad de prevenir o controlar la ira con éxito para que no lleve a problemas.

Con ese fin, este libro discutirá la ira, sus efectos y las prácticas que una persona puede aplicar para gestionar la ira. La información que encontrarás en este libro se puede practicar tan pronto como una persona lo desee. El primer capítulo tratará sobre la introducción a la ira, la expresión de la ira, la comprensión de la ira y la ira inteligente, entre otros. Los capítulos 2 y 3 cubrirán las causas, signos y síntomas de la ira y la ira no gestionada. Los capítulos 4, 5 y 6 tratarán el costo de la ira, la ira y la salud mental, y la elección de gestionar la ira. Los capítulos 7, 8 y 9 hablarán sobre los pasos para gestionar la ira de manera efectiva, la gestión de la ira y la comunicación, y las maneras de seleccionar un buen programa de gestión de la ira. Los capítulos 10, 11 y 12 cubrirán el uso de técnicas de gestión de la ira, las recaídas y la medicación. Finalmente, el capítulo 13 resumirá las técnicas de gestión de la ira.

Capítulo 1: Ira

En algún momento u otro, todos se sienten enojados. En algunas ocasiones, las personas lo perciben como un p annoyance temporal—mientras que otras veces, lo experimentan como una rabia plena. La ira es una parte normal de la vida humana, y es saludable. La emoción nos ayuda a discernir momentos en los que nos sentimos ofendidos, cuando las cosas no están funcionando como planeamos o esperábamos. Nos brinda una forma de expresar sentimientos negativos, y nos motiva a encontrar soluciones para los desafíos.

Aunque la ira es buena y saludable, puede ser destructiva cuando se sale de control. Pueden surgir problemas en el trabajo, en las relaciones y en la calidad de vida en general. La ira descontrolada puede hacer que uno se sienta a merced de una emoción poderosa e impredecible. En consecuencia, muchas personas buscan formas de controlar la ira.

La intensidad del estado emocional de la ira varía desde leve hasta completa rabia y furia. Cambios físicos y psicológicos lo acompañan. Por ejemplo, cuando uno está enojado, la tasa de pulso cambia; la presión arterial aumenta; los niveles de energía cambian, dependiendo de la situación; y las hormonas, la adrenalina y la noradrenalina se alteran.

La ira puede surgir de eventos internos o externos. Por ejemplo, uno puede estar enojado debido a un embotellamiento, la incapacidad de hacer algo en particular, la cancelación de un vuelo, el acoso, la pérdida, la humillación, etc. Internamente, la ira puede surgir porque uno siente que está preocupándose o rumiando demasiado sobre problemas personales, está frustrado por un fracaso, etc. Los sentimientos de ira también surgen debido a cosas que ocurrieron a una persona en el pasado—por ejemplo, eventos traumáticos durante la infancia. La ira se caracteriza por un conflicto hacia una persona o una cosa debido a un hecho incorrecto particular hecho hacia la persona.

Patrones de Pensamiento Negativos

Típicamente, la ira tiene menos que ver con el evento inmediato y más con nuestra reacción hacia el evento. Patrones de pensamiento negativos específicos a menudo preceden a un estallido de rabia. Estos patrones incluyen:

Sobregeneralización - Este patrón ocurre cuando alguien está atrapado en un pensamiento en blanco y negro. Él/ella solo piensa en lo que es visible de inmediato. Las personas atrapadas en este patrón tienden a usar palabras como 'nunca' y 'siempre'. La sobregeneralización hace que una situación parezca peor de lo que es.

Culpar - Culpar implica que una persona afirma que las emociones negativas o los eventos son culpa de otra persona. En la mayoría de los casos, una persona acusa a la otra cuando intenta evitar la vergüenza o la responsabilidad.

Lectura de la mente - Esto implica que una persona se convenza de que la otra le está haciendo daño intencionadamente. La persona puede imaginar hostilidad cuando no la hay. Las personas enojadas verán peligro donde no imaginarían en circunstancias normales.

Rigidez - Esto ocurre cuando uno no puede reconciliar los eventos que suceden con lo que imaginaban. Por ejemplo, uno puede haber supuesto que llegaría a la oficina a las 8 am, pero un atasco de tráfico se lo impide. En lugar de aceptar que están retrasados, una persona enojada se enojará y probablemente permanecerá de mal humor durante un período prolongado.

Recopilando pajas - Esto implica un escenario en el que una persona enojada cuenta mentalmente cosas en un intento de justificar su ira. En consecuencia, la persona permitirá que una serie de pequeños incidentes se acumule en su cabeza hasta que se rompa la última paja.

Desafiar estos pensamientos puede ayudar a una persona a reducir la ira.

Expresión de enojo

Las personas utilizan diferentes formas de expresar la ira. La forma más intuitiva y natural de expresar ira es la agresión. La mayoría de las personas reaccionan agresivamente ante las personas o cosas que les enojan. Esto se debe a que; la ira está diseñada para ayudar a los seres humanos a responder a las amenazas y a ciertas situaciones no deseadas. Como tal, la emoción inspira poder/fortaleza que generalmente se manifiesta como agresión, más aún si el individuo carece de conocimiento sobre cómo controlarla. Estos sentimientos y comportamientos nos permiten defendernos, luchar y encontrar soluciones para nuestros desafíos. Por lo tanto, podemos decir que un cierto nivel de ira es necesario para la supervivencia humana.

Sin embargo, no podemos responder a cada persona y cosa de manera agresiva o física solo porque estamos enojados. Existen normas sociales, leyes y lógica que limitan la forma en que nos comportamos bajo ciertas circunstancias. La situación y las circunstancias (personas involucradas, tiempo, lugar, motivo, etc.) determinan la forma en que reaccionamos. Por ejemplo, en un entorno de oficina, sería difícil que uno se desahogara con el jefe, incluso si él/ella está pisando los dedos del pie de cada otra persona. También sería difícil hablar con los abuelos como nos dé la gana solo porque estamos enojados.

Las personas utilizan tanto procesos inconscientes como conscientes para lidiar con su ira. Hay tres enfoques principales que se refieren a suprimir, expresar y calmar. Las investigaciones muestran que la mejor (más saludable) manera de lidiar con la ira es mostrar la emoción de manera asertiva y no agresiva. Para expresar adecuadamente la ira de manera asertiva, uno necesita aprender cuáles son sus necesidades y comunicarlo claramente sin herir a otros. La asertividad no significa ser insistente o tener demasiadas exigencias; preferiblemente, significa hacer las cosas de una manera que sea respetuosa con los demás.

Uno también puede suprimir la ira, y luego convertirla o redirigirla a algo positivo. La supresión de la ira ocurre cuando se contiene la ira, se evita pensar en ella y se enfoca en algo agradable. La esencia de la supresión es inhibir la ira y convertirla en cosas constructivas. Sin embargo, hay un desafío que ocurre con la supresión de la ira si no se maneja bien. Si falta una expresión externa, uno podría dirigir la ira hacia adentro y culparse a sí mismo. La ira reprimida se ha identificado como una causa subyacente de depresión y ansiedad. La ira no expresada puede interrumpir las relaciones, afectar los patrones de comportamiento y pensamiento, y también crear una variedad de problemas físicos. La ira que se dirige hacia adentro puede llevar a la hipertensión, presión arterial alta y depresión.

La ira no expresada también conduce a otros problemas. Una posible consecuencia de la rabia es la expresión patológica de la emoción, por ejemplo, a través de un comportamiento pasivo-agresivo o una personalidad que es ordinariamente hostil o cínica. El comportamiento pasivo-agresivo se refiere a los patrones de revancha continua hacia las personas de forma indirecta sin decirles la razón. Las personas con comportamiento pasivo-agresivo evitan la confrontación. Las personas que disfrutan criticando todo, menospreciando a los demás o haciendo comentarios cínicos de vez en cuando no han aprendido maneras de manejar la ira de manera constructiva. Como tal, estas personas son menos propensas a tener relaciones exitosas.

Calmarse es la forma más exitosa de lidiar con la ira. Calmar los interiores significa que uno no solo controla el comportamiento exterior, sino también las respuestas internas. Las técnicas de calmarse permiten reducir la frecuencia del latido del corazón y otros cambios físicos y dejar que los sentimientos disminuyan. Cuando uno no puede utilizar ninguna de las tres técnicas (expresar, suprimir o calmar) de manera constructiva, entonces la ira se vuelve dañina.

Otros Métodos de Expresión de la Ira

Cómo expresamos la ira determina nuestra salud y el bienestar de las personas que nos rodean. Por lo tanto, es vital entender las diferentes maneras a través de las cuales se manifiesta la ira y cómo podemos elegir mejores habilidades de expresión. Además de la expresión principal, los métodos de supresión y de calmarse, hay otras formas que las personas utilizan para mostrar su descontento. Estas incluyen:

Agresión abierta - La agresión abierta implica una situación en la que uno expresa su ira a través de acciones y palabras, más que a través de la culpa, la intimidación, la explosividad y la rabia. El desafío con estas técnicas es que hay altas probabilidades de causar daño a la otra persona. De hecho, el objetivo principal de las personas que utilizan esta opción es causar daño a la otra persona (intimidando a los demás). Al final, todos los involucrados experimentan luchas de poder recurrentes.

Agresión pasiva - En esta opción, la persona no se basa en la hostilidad abierta; en cambio, prefiere usar un sabotaje sutil para frustrar a otros o vengarse. Generalmente implica no hacerle un favor a alguien por la voluntad de irritarlo/a. La similitud entre el agresor abierto y el agresor pasivo es que ambas personas compiten por la superioridad. Ambas situaciones perpetúan una tensión no deseada y generan relaciones poco saludables. Como tal, la elección de la agresión pasiva resultará en otro conflicto indeseable.

Rabia asertiva - La expresión de la rabia suele implicar palabras y acciones que muestran respeto y dignidad por todos en la situación. Las personas que utilizan este estilo entienden que el tono de voz en cualquier situación creará una atmósfera positiva o negativa. Esencialmente, no siempre es fácil para uno expresar la rabia de manera asertiva, pero con autodisciplina y mucho respeto, es manejable. Recuerda que la rabia asertiva no es agresiva ni impositiva; en cambio, es fuerte y respetuosa. Expresar la rabia con confianza es una opción muy constructiva y reduce la tensión en todas las relaciones.

Dejar ir la ira - Esta opción es casi similar al estilo de calmarse. La persona enojada acepta que los otros métodos de expresar ira no funcionarán y, por lo tanto, elige dejar el asunto de lado. Normalmente, las personas que optan por la ira asertiva son quienes deciden dejarlo pasar. Las personas agresivas quieren llevar la pelea hasta el final, pero las personas asertivas buscan formas de resolver conflictos con la menor alteración posible. Dejar ir la ira no es fácil, e incluye acomodar las diferencias y elegir perdonar incluso sin recibir una disculpa.

En conclusión, muchas ocasiones en la vida conducen a la ira todos los días. Como tal, es difícil gestionar la ira utilizando solo una opción. Sin embargo, con práctica, podemos elegir y mantenernos en una opción de expresión de ira que mejore el bienestar de todos a nuestro alrededor.

Entendiendo la ira

La ira también se conoce como furia, cólera o rabia. Es una emoción que no debe subestimarse. Ocurre frecuentemente para algunas personas y raramente para otras, pero en la mayoría de los casos, sus consecuencias son muy perjudiciales. La ira es una experiencia natural para muchas personas y, a veces, todos tienen razones válidas para enfurecerse o enojarse. Si alguien dice algo que le parece injusto al otro, entonces puede haber una razón convincente para enojarse.

La principal causa de la ira es el entorno en el que uno pasa tiempo. Los problemas financieros, el estrés, una mala situación social y familiar, el abuso y otros requisitos abrumadores de tiempo y energía pueden contribuir a la aparición de la ira.

Los trastornos de la ira podrían ser prevalentes en personas que provienen de familias con los mismos desafíos, similar a cómo las personas son más propensas al alcoholismo si crecieron en familias con el trastorno. La capacidad del cuerpo para lidiar con ciertas hormonas y químicos, así como la genética, también juegan un papel en la forma en que uno maneja la ira. Si el cerebro de un individuo no reacciona de una manera saludable a la serotonina, él/ella podría encontrar más difícil gestionar las emociones.

La ira toma diferentes formas en diferentes personas; por ejemplo, algunos permanecerán enojados durante un período prolongado debido a un evento que ocurrió hace mucho tiempo, pero no harán nada serio por esa emoción. Otros permanecerán durante un período muy largo sin enojarse, pero una vez que lo hacen, se manifiestan como explosivos ataques de rabia.

Independientemente de la forma que tome la ira, cualquier emoción descontrolada afectará el bienestar emocional y la salud física del individuo. Según investigaciones, la ira y la hostilidad descontroladas aumentan las posibilidades de desarrollar enfermedades coronarias y empeoran las situaciones para las personas que sufren de enfermedades cardíacas. La ira también da lugar a problemas relacionados con el estrés, como insomnio, dolores de cabeza y problemas digestivos. La ira puede resultar en comportamientos riesgosos y violentos, incluyendo peleas y abuso de drogas y sustancias. Además, la ira puede causar daños significativos en las relaciones familiares, entre amigos y con colegas.

Fisiología de la Ira

Como cualquier otra emoción, la ira tiene efectos en nuestras mentes y cuerpos. Los científicos han encontrado una serie de eventos biológicos que ocurren a medida que nos enojamos. Según investigaciones, las emociones tienden a comenzar dentro de nuestros cerebros en dos estructuras con forma de almendra llamadas la amígdala. La amígdala es responsable de detectar las cosas y situaciones que amenazan nuestro bienestar, por lo tanto, activa una alarma para que nos defendamos. Una vez que se activa la advertencia, tomamos las medidas necesarias para proteger nuestros intereses. Esta sección del cerebro es tan útil que nos hace actuar antes de que podamos pensar con claridad.

La parte del córtex del cerebro es responsable del juicio y el pensamiento, por lo tanto, se encarga de verificar la razonabilidad de una reacción antes de que se tome. Cuando estamos enojados, el córtex no actúa lo suficientemente rápido. En términos simples, el cerebro está diseñado para influir en nuestros actos antes de que podamos siquiera considerar las consecuencias de nuestras acciones. Sin embargo, esto no debería ser una razón para comportarnos de manera incorrecta; podemos aprender a controlar los impulsos agresivos con el tiempo y la paciencia. La gestión adecuada de la ira es una habilidad que uno debe elegir aprender; no es algo con lo que las personas nacen instintivamente.

A medida que te enojas, los músculos de tu cuerpo se tensan. En el cerebro, se libera un neurotransmisor químico conocido como catecolamina, lo que resulta en una experiencia de aumento de energía que dura hasta varios minutos. Ese aumento de energía es la principal razón por la que la ira se acompaña de un deseo inmediato de tomar medidas protectoras. Al mismo tiempo, la frecuencia cardíaca se acelera, la presión arterial aumenta y la tasa de respiración se incrementa. Algunas personas experimentan rubor en la cara a medida que el flujo sanguíneo aumentado accede a las extremidades y miembros mientras el cuerpo se prepara para la acción física.

En el momento de ira, la atención de una persona se vuelve

estrecha y se enfoca en el objetivo. Pronto, uno es incapaz de prestar atención a cualquier otra cosa. Rápidamente, se liberan hormonas adicionales, sobre todo la adrenalina y la noradrenalina, y neurotransmisores en el cerebro, desencadenando así un estado completo de excitación. En ese punto, uno está listo para pelear.

Dado que el cuerpo tiene un proceso de preparación cuando uno está enojado, también tiene un proceso de calma. Una vez que la fuente de nuestra amenaza ya no es accesible, o la amenaza inmediata ha desaparecido, empezamos a relajarnos y a volver a nuestro estado de reposo normal. Es difícil relajarse cuando ya estás en un estado de enojo. La excitación que resulta de la ráfaga de adrenalina dura mucho tiempo. Para algunas personas, la excitación puede durar unas pocas horas, mientras que algunas la experimentan durante un día o más. Ese estado prolongado de excitación facilita que uno se encolerice rápidamente nuevamente, incluso después de que la situación inicial haya desaparecido. Toma mucho tiempo volver a un estado de reposo completamente normal. Durante el lento proceso de enfriamiento, es más probable que uno pierda los estribos en respuesta a una pequeña irritación que normalmente no nos molestaría.

Este deseo persistente también interfiere con nuestra memoria, y por eso olvidamos los eventos que ocurrieron durante el brote. La persistencia nos mantiene listos para más ira. No podemos desafiar el deseo porque es esencial para la funcionalidad del cerebro. Sin el deseo, probablemente estaríamos dormidos para siempre. Cualquier estudiante sabe que es casi imposible captar nuevo material cuando está somnoliento. Un deseo moderado mejora la memoria y ayuda al cerebro a aprender, rendir y concentrarse. La forma de deseo que ocurre durante momentos de ira es excesiva y, por lo tanto, dificulta el desarrollo de nuevos recuerdos. La pérdida de memoria es una de las desventajas de la ira incontrolada.

Rabia Inteligente

Muchas personas buscan formas de lidiar con la ira porque la encuentran desagradable y, en la mayoría de los casos, resulta en implicaciones negativas. Lo que hacemos cuando estamos enojados determina muchas cosas en el futuro. Debido a que la mayoría de la ira termina con consecuencias negativas, tendemos a asumir que la ira es mala. A muchas personas se les ha enseñado que la ira es una emoción peligrosa que debe ser ignorada o reprimida por todos los medios. En la mayoría de los casos, se desaconseja a las mujeres mostrar ira porque se define como poco femenina. Las culturas nos han enseñado que la ira es una muestra de arrogancia. También hemos observado a personas enojadas y visto lo que terminaron haciendo.

Debido a que la ira implica dolor y confusión, puede llevar a acciones que causan problemas. Como tal, elegimos enfocarnos en formas de suprimir, evitar o minimizar la ira. Es raro encontrar a alguien que vea la ira como una emoción placentera y satisfactoria. La mayoría de nosotros la vemos como un problema, algo de lo que deberíamos deshacernos. Sin embargo, la ira tiene un propósito en nuestras vidas y es útil. El dolor emocional puede parecer innecesario en nuestras vidas, pero al igual que el dolor físico, cumple un papel vital en nuestras vidas. Si te quemas un dedo, te alejarás de la cosa que lo está quemando y le darás tiempo para sanar. De manera similar, emociones como la ira nos envían un mensaje.

En particular, la ira nos advierte que algo está mal y

debemos levantarnos, encontrar soluciones y superar los obstáculos. Es cierto que nuestras acciones cuando estamos enojados pueden resultar en remordimientos. Actuar de manera agresiva no es algo inteligente de hacer, ya sea que estemos justificados en estar enojados o no. Nos sentimos mal después de una explosión de ira. Típicamente, cuando estamos en peligro, nuestros cuerpos están diseñados para actuar antes de pensar críticamente; por lo tanto, podemos ser bastante irracionales cuando estamos en peligro. Sin embargo, no tenemos que estar fuera de control cuando estamos enojados. Es posible que uno piense con claridad, analice y entienda la situación provocativa. Entonces, él/ella podrá usar la emoción como motivación para iniciar un cambio positivo.

Hay dos errores que la gente comete cuando se trata de la ira. O bien tratan de ser felices en la situación dolorosa o intentan ignorar completamente el sentimiento. Sin embargo, aceptar y abrazar la utilidad de la ira mejora la capacidad de pensar y actuar mientras se está emocional. Aunque puede parecer contradictorio, el deseo de sentir ira al enfrentar un conflicto te ayudará a comprender y gestionar tus emociones y situaciones.

Normalmente, todos queremos sentirnos bien y evitar cualquier sentimiento negativo, pero en algunos casos, los sentimientos desagradables son muy beneficiosos. Es importante experimentar emociones que sean congruentes con nuestras circunstancias, aunque no sean placenteras. De mayor valor es la capacidad de entender y gestionar las emociones. Una buena habilidad para gestionar las emociones está relacionada con un mejor bienestar físico y emocional.

El problema con la ira es distinguir la forma útil de la que no lo es. Aferrarse al resentimiento mucho después de que la situación que causó enojo ha pasado conduce a una mala ira. Tal ira solo nos hará vulnerables a más ira.

¿Cómo entonces identificamos y aplicamos la ira útil de una manera inteligente? Primero, asume que estás equivocado sobre la situación; tu razón para estar enojado no es válida. Respira, cuenta y respira hasta que te sientas racional. Controlar la ira no significa que la suprimas. También, no tomes acciones que puedan amplificar tu ira. Por ejemplo, no te concentres demasiado en la persona o cosa que te está enojando. Busca una distracción. Luego, analiza los eventos. ¿Te está haciendo bien la ira? ¿Qué mensaje te está tratando de transmitir? ¿Te están advirtiendo sobre injusticia, falta de respeto o pérdida? ¿Te está motivando a encontrar una solución a una situación laboral? ¿Mira tu pasado? ¿Ayudar a las personas a tu alrededor o a un grupo particularmente desfavorecido? Cuando dejes de rechazar la buena ira, serás capaz de tomar decisiones sobre tus respuestas a la vida.

Capítulo 2: Causas de la Ira

Rabia a una edad temprana

Desde una edad muy temprana, las personas experimentan esta emoción fundamental llamada ira y aprenden a expresarla dependiendo de las personas que ven a su alrededor. Los niños pequeños expresarán ira dependiendo de lo que copien de los adultos y de la recompensa que obtengan por ello. Generalmente, el mundo tiene una relación incómoda con la expresión de la ira; por lo tanto, crecemos pensando que está mal expresar la ira directamente. Se nos enseña que la ira es una emoción peligrosa en todo momento y que no debe ser tolerada. En consecuencia, la mayoría de nosotros aprendemos a ignorar/suprimir la ira, desconfíamos de la sensación, acumulamos todo y solo la usamos de maneras muy indirectas. El peligro de ignorar la ira es que solo se acumula dentro de nosotros y explota en algún momento u otro.

Es verdad decir que la ira puede ser muy destructiva cuando se maneja mal, pero tiene una lista de ventajas. Cuando se utiliza bien, la ira se convierte en más que solo una fuerza destructiva.

La ira es una parte muy importante de los instintos de autoprotección y autoconservación. Si no pudiéramos enojarnos en absoluto, entonces sería difícil defendernos. La gente nos ofendería una y otra vez y no haríamos nada al respecto. Por lo tanto, es muy importante que aprendamos las formas a través de las cuales podemos expresar la ira de manera efectiva. Hay estrategias saludables y socialmente respetuosas que se pueden usar para expresar los sentimientos de ira. Es importante expresar estos sentimientos de manera controlada para preservar nuestras relaciones, salud y empleabilidad.

Ira a Través de las Generaciones

La ira puede transmitirse de una persona a otra en una familia. Sin embargo, falta evidencia sustancial que demuestre que la ira se pueda transmitir a través de los genes. Solo se aprende o se adquiere. La gente piensa que la ira es genética porque pueden recordar a alguien en la línea familiar que era bastante enojado e irritable—quizás un padre, un abuelo u otro pariente. La ira es un comportamiento adquirido que se mantiene con la práctica. La única excepción es la ira que ocurre debido a otros trastornos mentales y enfermedades.

La familia determina cómo uno expresa emociones como la felicidad, la tristeza, el miedo, la ira, etc. Si la ira no fue manejada adecuadamente por los abuelos, es probable que los padres estén enojados y también lo estarán los niños. Tenga en cuenta que no hay padres perfectos. Cada persona tiene defectos, y los padres también. Hay defectos heredados de sus padres a partir de sus abuelos, y probablemente usted recogerá algunos de ellos, involuntariamente. La ira se transmite en cierta medida de una generación a la siguiente. Depende de usted reconocer los comportamientos que preferiría no transmitir a sus hijos. Deje los hábitos dañinos y perjudiciales.

¿Cómo puedes proteger a tus hijos de heredar problemas de manejo de la ira y otros malos hábitos? Primero, ten en cuenta el hecho de que eres un modelo a seguir. Probablemente, eres el primer y principal ejemplo del que tus hijos aprenderán algo, por lo tanto, mantente alerta. Si puedes aprender a romper los malos hábitos de manejo de la ira, entonces puedes romper la cadena. La conclusión es cortar las cadenas equivocadas. Solo piensa cuán hermoso sería si tu familia pudiera llevar una vida mejor; llena de éxito y tranquilidad.

Cuando los miembros de la familia se enojan, tómate el tiempo para hablar con ellos sobre sus sentimientos. Ten en cuenta que la ira rara vez es el sentimiento principal. Busca signos de depresión, miedo, ansiedad, tristeza u otras emociones fundamentales. Cuando los niños manejan positivamente su ira, recompénsalos. Si no lo hacen, háblales y si el problema continúa, busca ayuda profesional. Para ayudar a tu familia:

- Busca formas apropiadas de comunicarte con tu pareja, hijos y otros familiares; la comunicación asertiva puede ayudar.
- Siempre maneja tu ira independientemente de la circunstancia.
- Educa a tus hijos sobre la ira.
- Discute los mejores métodos para lidiar con la ira en la familia.
- Participa en la terapia familiar y formula un plan de manejo de la ira con los miembros.

- Para los miembros de la familia que aún tienen desafíos, recomiende terapia individual para la ira.

Adquisición de estilos de ira

Todo el mundo nace con la emoción de la ira, pero nadie nace con ira agresiva y crónica. En general, todos responderán a una situación abusiva o frustrante de la manera que consideran más viable, pero se basa en los hábitos que aprendieron. Por ejemplo, las personas que crecieron en hogares violentos tienen más probabilidades de tener algunas formas inapropiadas de manejar situaciones frustrantes. Las personas que crecieron en hogares donde se manejaba la ira adecuadamente tendrán más facilidad para tratar con los demás.

Los estilos de respuesta agresiva y la ira crónica normalmente se aprenden. Hay una variedad de maneras a través de las cuales se pueden aprender estilos de expresión de ira agresiva. Algunas personas adquirirán estos hábitos desde la infancia al observar el comportamiento de las personas mayores que los rodean. Si los padres y las personas que los influyen son enojados, hostiles y constantemente hacen amenazas, entonces los niños adoptarán esos hábitos. Incluso si los niños no muestran estos hábitos a una edad temprana, es probable que los apliquen en una edad posterior, una vez que estén cerca de personas a las que puedan intimidar. Notarás que estos niños tienen dificultades para mantener amigos y relaciones porque intimidan y menosprecian a los demás. Uno de los principales desafíos que enfrentan las personas que adoptaron la ira desde una edad temprana es que pueden no darse cuenta de su problema de ira. Para ellos, la ira es solo algo normal que vieron mientras crecían.

Las víctimas de la ira tienen un deseo de venganza y dominio; por lo tanto, sin duda desarrollarán problemas de ira. Si un niño pasó mucho tiempo en una situación abusiva, podría jurar nunca ser vulnerable nuevamente y hará cualquier cosa para lidiar con las personas que representan una amenaza. Estos niños comenzarían a volverse hostiles hacia los demás basándose en la teoría de que "una buena ofensa es la mejor defensa". Esto explica parte del acoso escolar. Alternativamente, las personas heridas o abusadas pueden sobre-generalizar y buscar venganza contra todo un grupo de personas, mientras que solo es una parte de ellas la que les hirió. Un ejemplo de tal ira es cómo algunas personas tienen prejuicios contra todos los inmigrantes de algunos países que fueron enemigos de su país.

Otra forma en que las personas enojadas aprenden a ser agresivas y hostiles es al recibir un premio por ser un matón. Si alguien obtiene respeto o parece infundir miedo en otras personas debido a sus acciones agresivas, entonces se siente motivado a continuar con su exhibición de ira. El comportamiento agresivo seguirá si la persona recibe un ascenso en su posición y estatus social.

Ira y género

Durante mucho tiempo, la gente ha asumido que los hombres son más enojados que las mujeres. Se piensa que la ira es una emoción masculina y Marte está lleno de hombres temperamentales y enojados. Se supone que las mujeres son más tranquilas y graciosas; Venus está lleno de amor. En consecuencia, el mundo ha aceptado la ira en los hombres más que en las mujeres. La ira no es propia de una dama, pero para los hombres representa poder y dominio. Algunas frases que apoyan la ira masculina incluyen 'Los hombres no lloran', 'no seas como una niña', etc. Como resultado, los hombres aprenden a suprimir sus emociones.

Las investigaciones han revelado que hombres y mujeres sienten ira y no hay diferenciación de género en cuanto a eso. Las mujeres se enojan tan intensamente y tan frecuentemente como los hombres. Incluso buscan ayuda para el manejo de la ira tantas veces o incluso más que los hombres. Los investigadores que encontraron diferencias en los niveles de ira también afirman que las mujeres están más enojadas que los hombres hasta cierto punto. Sin embargo, estas investigaciones no están calificadas.

La mayoría de las mujeres han reportado que se enojan, gritan, se sienten molestos y pierden la calma. Los hombres, por otro lado, afirmaron que prefieren mantener sus emociones. Se ven obligados a suprimirlas y solo actuarán cuando sean llevados al límite.

Otras investigaciones han revelado que, aunque no hay diferencia en la frecuencia de la ira según el género, las mujeres tienden a reflexionar sobre el tema que las enojó por más tiempo, informan episodios de ira más intensos y discuten su ira con más apertura. La razón para reflexionar sobre la ira durante más tiempo es la intensidad. Las mujeres tienden a sentir las cosas más profundamente que los hombres, por lo que se extenderán más sobre un asunto. Nuevamente, las mujeres son más abiertas y, por lo tanto, discutirán abiertamente las cosas que las irritan.

Las diferencias entre hombres y mujeres no se pueden ver en el término ira, pero son muy evidentes en la agresión. El sentimiento es casi similar, pero el comportamiento difiere. Los hombres son más propensos a involucrar acción física cuando están enojados que las mujeres. Esto se mantiene casi constante en el tiempo y en la cultura porque se enseña a los hombres a ser duros. Por otro lado, las mujeres tienden a emplear modos efectivos e indirectos de expresión de la ira, como reclutar aliados, chismear, retirar el afecto y llorar. A menudo interpretamos las reacciones de las mujeres como razonables, pero en realidad, es porque están superadas por los hombres; por lo tanto, jugarán la mano que se les ha repartido. Las mujeres son más propensas a expresar ira hacia otras mujeres que hacia los hombres.

El género también puede influir en el tipo de ira que uno típicamente posee. Las mujeres tendrán la forma de ira que muestra resentimiento, mientras que los hombres tendrán el tipo de ira que es vengativa. Las mujeres también son más propensas a expresar ira hacia sí mismas que hacia otras personas.

Ira y Cultura

Como se mencionó anteriormente, no siempre podemos expresar la ira como queremos. Las circunstancias y las personas involucradas determinan las formas a través de las cuales resolveremos nuestros problemas. Las normas sociales determinan cómo respondemos a las personas con las que estamos enojados, independientemente de la emoción. Las culturas tienen diferentes reglas sobre la expresión de la ira. Hay reglas de exhibición en cada comunidad que determinan las formas en que uno puede expresar la ira de manera apropiada. Las investigaciones han revelado patrones en las reglas de exhibición entre culturas individualistas y colectivistas.

Las culturas individualistas representan la autoexpresión y la independencia. Sus normas sobre la exhibición de la ira establecen que es más apropiado:

1. Minimiza la expresión de ira en lugar de eliminarla por completo.
2. Muestra tu ira a amigos y familiares en lugar de a extraños. Las personas en culturas individualistas tienden a cambiar entre grupos; por lo tanto, consideran más importante mantener relaciones con personas que no conocen que con la familia y los amigos. Estas personas también dependen menos de un único grupo de interacciones sociales.

Las culturas colectivistas priorizan la cohesión del grupo y la cooperación. Sus reglas sobre la expresión de la ira establecen que es más apropiado:

1. Mantente en armonía. La armonía es importante; por lo tanto, debes ocultar la ira para mantenerla. Las personas pueden no mostrar ninguna emoción o enmascarar su ira con otras cosas.
2. Expresa tu ira a extraños en lugar de a familiares o amigos. Algunos mecanismos de afrontamiento de la ira pueden ser apoyados por una comunidad y desalentados por otra, y como tal, uno debería considerar su cultura mientras busca ayuda para el manejo de la ira.

Poblaciones Afectadas por la Ira

La ira puede afectar a cualquier persona, independientemente de su edad, género o etnia. La ira, en la mayoría de los casos, es alimentada por nuestras creencias y exposición. Si estamos expuestos a la ira a una edad temprana, o las creencias que se nos inculcan no son racionales, entonces es más probable que seamos afectados por esta emoción.

Adultos

La ira en los adultos normalmente afecta la carrera y la vida familiar. Un desafío que motiva extensamente a los adultos a buscar ayuda para el manejo de la ira es la vida profesional. Existen herramientas preventivas y correctivas para la ira disponibles para que las personas enfrenten el estrés y la ira derivados de problemas relacionados con el trabajo. Por ejemplo, las personas que trabajan con individuos con discapacidades mentales son propensas a experimentar estrés cuando tienen pacientes que no están mejorando. Como resultado, tendrán problemas de ira. Se han desarrollado habilidades de manejo de la ira para ayudar a estos cuidadores (por ejemplo, aquellos que trabajan con personas con demencia) a afrontar los sentimientos de frustración que pueden llevar a la ira. Otros programas de manejo de la ira están diseñados para ayudar a las parejas que tienen desafíos en el manejo de la ira.

Niños y Adolescentes

La capacidad de un niño para entender sus emociones y cómo reaccionar en situaciones particulares puede determinar en gran medida la forma en que expresa la ira. Compartir con los niños pequeños las formas adecuadas de expresar la ira puede ser de gran ayuda para que reaccionen ante las situaciones. Algunos programas de manejo de la ira centrados en el comportamiento cognitivo han sido modificados para adolescentes y niños más pequeños. Se han diseñado tres tipos comunes de terapia cognitivo-conductual para jóvenes, que incluyen el desarrollo de habilidades para la vida, la educación efectiva y la resolución de problemas. Las habilidades para la vida se centran en la empatía, la comunicación, la asertividad, etc., y utilizan el modelado para enseñar reacciones a la ira.

La educación efectiva presta atención a los sentimientos de ira y relajación. La resolución de problemas ayuda al paciente a ver la causa y el efecto de la situación en lugar de permitir que la ira domine. Algunos factores considerados al seleccionar una terapia para niños y adultos incluyen la edad, la socialización y la gravedad del desafío de la ira. Para los niños, la terapia de manejo de la ira puede hacerse más divertida al incluir actividades más atractivas para ellos. Los adolescentes pueden obtener más de las sesiones de terapia si se les ayuda en su entorno social natural.

La terapia de manejo de la ira seleccionada para niños y adolescentes debería tener una intensidad que coincida con las acciones. Por ejemplo, si un adolescente tiene explosiones de ira severas en clase, él/ella debería tener sesiones más largas con el terapeuta escolar. Algunas reacciones de ira más severas podrían requerir acciones drásticas, como sesiones de manejo en una instalación correccional juvenil.

Individuos con Discapacidades Intelectuales

Las personas con discapacidad intelectual pueden tener dificultades con el manejo de la ira. Dependiendo del individuo y del entorno, hay ciertas estrategias utilizadas para minimizar la agresión de tales personas:
1.
    Las estrategias reactivas están dirigidas a

minimizar el impacto del comportamiento excesivamente agresivo. Un terapeuta puede utilizar protocolos establecidos como el aislamiento forzado en el momento de la ira.
1. La gestión de contingencias se centra en reformar el comportamiento a través de algunas formas de castigo y refuerzo.
1. Las intervenciones ecológicas suelen utilizar el entorno para provocar un efecto calmante en la persona enojada.
1. La programación positiva normalmente enseña habilidades de reacción positiva en lugar de agresión.

Criminales Violentos

Los criminales violentos son propensos a la ira debido a su entorno. A veces, encarcelarlos empeora la situación porque la mayoría de los centros de incineración no están controlados. Normalmente, los criminales violentos necesitan agresión para salirse con la suya. Por lo tanto, emplean la ira para anular la naturaleza humana natural y racional.

Abuso de Sustancias

Los abusadores de alcohol y drogas tienen un mayor riesgo de enojarse y no poder manejarlo. Si una persona enojada no puede controlar ciertos aspectos de su vida adecuadamente, el riesgo de enojo aumenta.

Trastorno de Estrés Post-Traumático

El trastorno de estrés postraumático generalmente resulta en desafíos para el manejo de la ira. Las personas con lesiones cerebrales también tienen un desafío con el manejo de la ira, especialmente si la parte del cerebro responsable de las reacciones impulsivas está afectada.

Capítulo 3: Signos y Síntomas de Problemas Relacionados con la Ira

Antes de que uno pueda aprender las técnicas para manejar la emoción de la ira, necesita aprender las manifestaciones de la ira. Hay necesidad de responder preguntas como: "¿Cuáles son las indicaciones de que estoy enojado? ¿Qué lugares, personas y eventos me hacen enojar? ¿Cuál es mi reacción cuando me siento enojado? ¿Cómo afectan mis acciones a los demás?" Obtener las respuestas correctas a estas preguntas lleva tiempo y atención. Es posible que una persona descubra más de una cosa que le haga enojar. En el proceso, uno identificará algunas de las señales que aparecen cuando se establece la ira. Estas respuestas son generalmente el comienzo del plan de manejo de la ira. Ayudarán a uno a elaborar un plan valioso que ayudará a manejar la ira.

La ira se manifiesta de diferentes formas, y mientras que algunas personas son capaces de controlar la emoción, otras no lo son. Algunos individuos tienen problemas para hacerse cargo de su ira y algunos la experimentan fuera del alcance humano normal. Esta ira que se manifiesta fuera del alcance emocional normal puede presentar diferentes tipos de trastornos. Algunas de las formas de ira ampliamente aceptadas incluyen la ira crónica, la ira abrumadora, la ira pasiva, la ira autoinfligida, la ira volátil y la ira crítica.

La ira crónica - Esta forma de ira es prolongada y normalmente tiene un impacto en el sistema inmunológico. También se ha vinculado a ciertos tipos de trastornos mentales.

Rabia abrumadora - Esta es una forma de ira que surge cuando las exigencias de la vida son demasiado para que una persona las maneje.

Enojo pasivo - Esta forma de enojo no siempre se manifiesta como enojo y, por lo tanto, puede ser difícil de identificar. A veces, las personas que experimentan enojo pasivo ni siquiera se dan cuenta de que están enojadas. En la mayoría de los casos, el enojo pasivo se mostrará como apatía, sarcasmo y maldad. Una persona que experimenta enojo pasivo participará en patrones de comportamiento autodestructivos como alienar a la familia y amigos, faltar a la escuela y al trabajo, y actuar de forma deficiente en situaciones sociales y profesionales. Para los observadores, estos patrones de auto-sabotaje parecerán intencionales, aunque la persona afectada no se dé cuenta de la causa y el efecto. El enojo pasivo puede ser difícil de reconocer porque a menudo está reprimido. La consejería puede ayudar a identificar la emoción que desencadena las actividades de auto-sabotaje y sacar a la luz los asuntos subyacentes para que puedan ser abordados.

Rabia agresiva - Las personas que son propensas a la rabia agresiva normalmente son conscientes de sus sentimientos, aunque quizás no siempre entiendan la causa raíz de su comportamiento. En algunos casos, estas personas redirigirán los estallidos de ira hacia chivos expiatorios porque tienen dificultades para abordar el verdadero desafío. A menudo, la rabia agresiva se manifiesta como ira retaliatoria o volátil y puede llevar a daños físicos a personas y propiedades. Aprender a identificar los desencadenantes y gestionar los síntomas es importante para manejar la rabia agresiva de manera positiva.

Ira Crónica

Básicamente, la ira es una emoción diseñada para empoderarnos a encontrar medios constructivos para satisfacer nuestras necesidades y deseos. Sin embargo, las personas que han abrazado la ira crónica (a largo plazo) terminan siendo desempoderadas. Las personas con ira crónica ven el mundo a través de un filtro limitado a su emoción. Aquellos que sufren de ira crónica tienen una tendencia profundamente arraigada que es reactiva y difícilmente influenciada por la autorreflexión y el pensamiento. Normalmente, estas personas tienen una visión limitada, y sus reacciones son generalmente rígidas. En consecuencia, hay un poder disminuido en sus acciones. Las acciones de los individuos normalmente socavan la capacidad de las personas afectadas para satisfacer genuinamente sus deseos y necesidades.

La ira crónica tiene muchas caras dependiendo del individuo en cuestión. Por ejemplo, algunas personas buscan pelear cuando están intoxicadas. Una persona entra en un bar; elige a alguien a quien dirigir su ira y comienza una pelea. Incluso si se detiene a la persona de pelear en el bar y es expulsada, elegirá a alguien que esté saliendo del bar y seguirá peleando. Normalmente, esto resulta en arrestos u otras consecuencias difíciles.

La ira crónica también es evidente en internet, ya que las personas dan opiniones predominantemente egoístas. Estas declaraciones hechas por ira perjudican la capacidad de ser abiertos, civilizados, compasivos y comprensivos. La ira crónica es una catarata que nubla nuestro juicio y visión. No podemos ver lo bueno en los demás e incluso en nosotros mismos. Nos hace pensar que los desacuerdos nos hacen menos humanos.

La ira crónica es en la mayoría de los casos generalizada y se manifiesta en relaciones, lugares de trabajo y otros segmentos de la vida. Muestra una vulnerabilidad continua para enojarse así como una actitud regular de hostilidad. En la mayoría de los casos, la ira crónica se alimenta de heridas emocionales y mentales y cicatrices en las personas. Las cosas que sucedieron en nuestro pasado, y de las cuales no podemos superar. Estas heridas tienden a haber originado de negligencia y abuso físico y emocional tempranos. También pueden haber surgido de amenazas y pérdidas en nuestras vidas recientes. Estas pérdidas pueden ocurrir en el empleo, la salud, las finanzas, el estatus social, económico, etc.

Mientras que algunas personas pueden señalar claramente la fuente de su ira, otras no pueden asociar su estado con sus heridas y miedos anteriores. Las personas que no pueden vincular su estado actual con cosas que les sucedieron en el pasado normalmente están tratando de negar sus sentimientos o minimizar el impacto de mirar lo que pasaron. A veces, el sentimiento de negación se debe a la vergüenza y la culpa. En la mayoría de los casos, se culpan a sí mismos por las cosas que los rompieron en un intento de ocultar su confusión y su ira respecto a los eventos. De cualquier manera, la gravedad de las heridas sufridas en el pasado puede contribuir a un estado de hipersensibilidad y sobreactuación porque cada asunto se siente como un maltrato.

Muchas personas que han sido heridas en el pasado abrazarán el dolor crónico como una armadura mental con la intención de protegerse del sufrimiento. Este abrazo puede ocurrir intencionadamente o involuntariamente. La ira crónica puede ser utilizada por una persona para esquivar la autorreflexión, algo que es necesario para crear una identidad. La ira ayuda a evitar preguntas como '¿quién soy yo y cuál es mi propósito?'. Sin hacer tal consideración, uno se adherirá a las creencias con las que creció. En consecuencia, no habrá tiempo para analizar el pasado y el estado actual de la ira. A menos que tengamos respuestas a preguntas que nos ayuden a construir nuestro propio carácter, seguiremos aferrados a la ira crónica. No desarrollaremos una personalidad compleja que resuene con la persona que somos y queremos ser.

La ira crónica nos deja reactivos, y tenemos una personalidad muy débil y de esta manera respondemos a cada drama de forma drástica. La falta de gustos, aversiones y deseos propios te mantiene en un estado predeterminado de reacción. Una persona también puede evitar construir una personalidad si siente que los roles y deberes que le imponen sus padres o la sociedad son inalcanzables. Esta postura a menudo se manifiesta en la actitud "No sé quién soy y quién quiero ser, pero estoy seguro de que no me gustaría ser tú."

Otras personas abrazan la ira crónica en un intento de evitar asumir la responsabilidad de sus vidas. Generalmente, es más fácil culpar a otra persona o a una circunstancia por una situación determinada en lugar de asumir la responsabilidad. Culpar a alguien más ayuda a renunciar a todo el poder y control que él/ella podría haber utilizado para alterar la situación. Abrazar el dolor crónico ayudará a un individuo a evitar buscar alternativas de acción incluso cuando esté sufriendo.

Aferrar la ira a menudo está sustentado por la necesidad de protegerse de ser herido nuevamente. Aferrarse a la ira a largo plazo nos ayuda a desarrollar una mentalidad de hipervigilancia, es decir, estamos constantemente en guardia, esperando que alguien nos ofenda. Esta mentalidad incluye la creencia errónea de que otras personas buscan maneras de hacernos daño, o que no deberíamos confiar en nadie. La mentalidad, entonces, obstaculiza la intimidad, y no somos capaces de invertir y compartir a un nivel emocional más profundo. Nuevamente, la falta de confianza contribuye a nuestra rapidez para evitar relaciones cercanas y contribuye a la incapacidad de perdonarnos a nosotros mismos y a los demás.

Al abrazar el dolor, algunas personas son capaces de ahuyentar el dolor del luto y el duelo. Evitan identificar y aceptar el dolor detrás de la herida, un proceso que es importante para dejar ir las heridas. La incapacidad de dejar ir lo que sucedió en el pasado conduce a un tiempo congelado donde uno ve que tiene oportunidades y opciones limitadas para cambiar las cosas. En consecuencia, estamos obligados a centrarnos en el pasado de una manera negativa que empaña la percepción del futuro.

Cualquiera que sea la razón que uno elija para abrazar la ira crónica, la emoción prolongada puede paralizarnos. La ira crónica promoverá una sensación de des posesión que solo llevará a más ira en un intento de sentirse poderoso. Esta ira prolongada también puede contribuir al abuso de alcohol y drogas y también al desprecio por uno mismo. Las personas que sufren de ira crónica en la mayoría de los casos se aferrarán a culpar y odiar a otros por su miseria.

La ira crónica también puede significar otros trastornos como la depresión. También puede ser resultado de otros trastornos. Al igual que la depresión, la ira crónica también conduce al pesimismo hacia el futuro. En consecuencia, una persona crónicamente enojada no se comprometerá con metas futuras que podrían incluso mejorar la vida. La ira crónica dificultará que una persona imagine el futuro sin ira.

Uno ni siquiera puede imaginar un futuro que sea brillante, uno lleno de felicidad, realización y significado.

Una similitud entre la ira crónica y la procrastinación es que una se siente protegida. La procrastinación protege a uno de la tensión de participar en una actividad, mientras que la ira crónica congela a una persona en el tiempo, evitando así el futuro. Una persona crónicamente enojada identificará todo tipo de excusas para evitar enfrentar el futuro. Por ejemplo, en lugar de mirar las cosas que influyen en la ira, él/ella explicará que otras personas no están enojadas porque lo tuvieron fácil en la vida.

La identidad de la ira crónica proviene principalmente del odio hacia otras personas que son diferentes a nosotros. En segundo lugar, la ira crónica se basa en la creencia de que no se puede alcanzar la felicidad mientras esas personas que odias estén en tu vida. Su presencia y existencia se sienten como un obstáculo. Esta mentalidad rígida le da a otras personas demasiado poder sobre nuestras vidas y, al mismo tiempo, nos roba de cada cosa buena.

Al aferrarnos a la ira crónica, no logramos entender y darnos cuenta de las cosas que realmente necesitamos. Solo podemos identificar nuestros deseos clave cuando planteamos y reflexionamos sobre nuestra ira y reacciones. Un análisis cercano revelará las necesidades que hemos frustrado o amenazado. Puede ser un deseo de seguridad, confianza, respeto y seguridad. Tenga en cuenta que aferrarse a esa ira solo dificulta satisfacer los deseos.

Hablando sinceramente, la vida es difícil. De hecho, la vida no es ni justa ni equitativa. Imagina a un veterano que perdió una extremidad mientras luchaba por la paz en el mundo. Este veterano tiene todo el derecho de estar enojado y amargado. Él/ella puede optar por quedarse en un estado abusivo, abusar de las drogas y quejarse de los fracasos del gobierno. Sin embargo, un buen número de ellos elige participar en actividades constructivas como los deportes. Siguen adelante con la vida a pesar de sus pérdidas.

Aferrarse al odio solo te priva de una buena vida. Todo el mundo tiene desafíos, y la mejor opción que tienes es superarlos. Superar desafíos y heridas requiere una voluntad fortalecida. El cambio real no llega fácilmente; más bien, exige acciones serias frente al dolor. No importa si obtienes tu motivación de la fe, un recuerdo malo o bueno, o una recompensa en el futuro. Tienes que poner mucha voluntad para romper un hábito. Para dejar ir la ira crónica, necesitamos estar enfocados en el futuro en nuestro comportamiento y pensamientos.

Es importante que exploremos la ira y las formas de gestionarla. A través del asesoramiento que incluye una profunda autorreflexión y la práctica de nuevas habilidades, permitiendo espacio para el duelo y la tristeza, y, en última instancia, haciendo las paces con el pasado, uno puede encontrar formas de hacer las paces con la ira. Gestionar la ira podría requerir que cultives una voz de autocompasión que reconozca el dolor y el sufrimiento personal.

Independientemente de la persona que hemos llegado a ser y de la persona que creemos que somos, existe la posibilidad de que podamos desarrollar nuevos hábitos. Estos hábitos alterarán la forma en que nos relacionamos con nuestros sentimientos, pensamientos y comportamientos en términos de ira. Las estrategias de manejo de la ira nos ayudarán a llevar una vida que resulte en una mayor realización.

Síntomas Emocionales de Problemas Relacionados con la Ira

Uno podría pensar que el estallido de ira es el único indicador de una incapacidad para gestionar la emoción, pero hay muchos síntomas que muestran ira no controlada. Algunos de los otros indicadores que muestran que uno no está lidiando con la ira de una manera saludable y efectiva incluyen irritabilidad constante, ansiedad, depresión, tristeza, resentimiento, rabia, entre otros. Una sensación constante de agobio, problemas con la organización de los pensamientos y sentimientos, y fantasías de que uno es mejor que los demás también podrían indicar un trastorno de ira u otros problemas relacionados con la ira.

Síntomas Físicos de Problemas Relacionados con la Ira

Hay indicadores físicos de la ira, por ejemplo, palpitaciones del corazón, hormigueo, aumento de la presión arterial, fatiga, dolores de cabeza, mandíbula apretada, rechinar de dientes, dolor de estómago, mareos, temblores y sacudidas, sudoración, sensación de calor en la cara y presión en la cabeza.

Otros síntomas que podrían indicar una falla en el manejo de la ira incluyen: comenzar a gritar y elevar la voz por asuntos que son pequeños, volverse sarcástico, elevar la voz, gritar y llorar, perder el sentido del humor, actuar de manera abusiva, etc.

Capítulo 4: Los Costos de la Ira

La ira tiene tanto procesos y consecuencias psicológicas como fisiológicas. Como tal, la ira puede tener un impacto negativo en el estado físico y emocional de la salud. Se ha demostrado que la relación negativa entre la ira y las enfermedades cardíacas es cierta.

Costos de Salud

Presión Arterial y Enfermedades del Corazón

Los científicos han encontrado que hay una conexión directa entre el estado de ser constantemente competitivo, agresivo y enojado, y las enfermedades cardíacas tempranas. Por ejemplo, estudios recientes muestran que los hombres que carecen de habilidades para manejar la ira tienden a tener mayores posibilidades de sufrir enfermedades cardíacas antes de alcanzar los 55 años en comparación con sus pares. Otro estudio reveló que es más fácil predecir con precisión la probabilidad de sufrir un ataque al corazón en hombres utilizando su calificación de hostilidad. La calificación de hostilidad se refiere a cuán irritable y hostil es una persona hacia los demás. Es más fácil predecir un ataque al corazón a través de la calificación de ira que con otras causas como los niveles de colesterol, el tabaquismo, el consumo de alcohol, etc.

La expresión de hostilidad y enojo también se relaciona con la reactividad de la presión arterial y la hipertensión (presión arterial alta). En un estudio que analizó los efectos de la distracción y el acoso en hombres que intentaban realizar una tarea, solo los hombres que eran muy hostiles mostraron niveles de presión arterial aumentados y tasas de flujo sanguíneo más altas en los músculos. Los hombres con puntuaciones más bajas en la escala de calificación de hostilidad no mostraron los cambios fisiológicos mencionados anteriormente. Los hombres con niveles más altos de hostilidad también informaron una irritación y enojo más persistentes que aquellos con niveles más bajos. La evidencia de estos estudios y otros similares reveló que hay un alto vínculo entre la propensión a la hiperactividad fisiológica y el enojo. Algunas personas tienden a excitarse fácilmente y permanecen estresadas durante períodos más largos, lo que provoca daños acumulativos y significativos en sus cuerpos.

Numerosos estudios han revelado claramente que; tener una hostilidad crónica constante, agresión y ira aumentará tu probabilidad de desarrollar una variedad de enfermedades cardíacas mortales y cinco veces la tasa normal. Cuanto más hostil seas, mayor será el riesgo de enfermedad cardíaca. Si descubres que pierdes los estribos cada vez que tienes que esperar mucho en la fila de una tienda de comestibles, o si el embotellamiento de tráfico te enoja de verdad, es importante que verifiques el daño que podrías estar causándote a ti mismo. La ira puede destruir tu vida lentamente o incluso matarte.

Tipos de Personalidad y Ira

Hay diferentes tipos de personalidad clasificados según características únicas. Las personas crónicamente hostiles, irritables y enojadas normalmente se encuentran bajo la personalidad 'tipo A.' Las personas con personalidades más relajadas se clasifican como 'tipo B.' Estas clasificaciones fueron inventadas por los doctores Meyer Friedman y Ray Rosenman a finales de la década de 1950 como un medio para diferenciar entre los pacientes que tienen mayores probabilidades de sufrir enfermedades cardíacas y aquellos con bajas probabilidades. Las personalidades 'tipo A' son más propensas a lograr un gran éxito profesional, pero tienden a mostrar más agresión y rasgos de personalidad competitivos. La personalidad tipo B tiende a abordar la vida de una manera tranquila. En consecuencia, las personalidades 'tipo A' son más propensas a ataques al corazón que las 'tipo B.' Para ser específicos, las personalidades 'tipo A' muestran los siguientes rasgos: rápidas para enojarse, competitividad, reactividad explosiva, irritabilidad, impaciencia y hostilidad. Estos rasgos indican una alta probabilidad de enfermedad cardíaca.

En el lado positivo, las personas de personalidad 'tipo A' suelen ser muy determinadas y motivadas para tener éxito. No permiten que nada se interponga en su camino cuando persiguen sus metas. Están enfocadas y, en consecuencia, siempre tienen prisa. Estas personas carecen de paciencia hacia sus colegas y las personas a su alrededor, especialmente con aquellos de personalidad 'tipo B'. Las personalidades tipo A parecen ignorar a los demás, principalmente porque su mente está ocupada en otras cosas o están ocupadas con algo más. Estas personas también tienden a ser muy críticas y a juzgar muchas cosas. A menudo se centran en las debilidades de los demás, concentrándose en aspectos como la tardanza, la indiferencia, las malas habilidades de conducción, etc. Las personas de personalidad 'tipo A' tienden a enojarse con aquellos que consideran incompetentes o que tienen algunos defectos.

Fisiológicamente, los hombres en la categoría de personalidad 'tipo A' (más aún aquellos con altos niveles de hostilidad) muestran una menor respuesta del sistema nervioso parasimpático en comparación con aquellos con un tipo de personalidad más relajado tipo B. El sistema nervioso parasimpático se refiere a la parte del sistema nervioso que es responsable de calmarse durante momentos de ira. El sistema nervioso simpático (o SNS) es lo opuesto del sistema nervioso parasimpático, que provoca excitación durante momentos de ira. El sistema nervioso simpático es responsable de inundar el cuerpo con hormonas del estrés que causan excitación. Estas hormonas del estrés incluyen principalmente adrenalina y noradrenalina. El sistema nervioso parasimpático cumple el papel de contrarrestar las hormonas de excitación al liberar acetilcolina, que neutraliza las otras hormonas, permitiendo que el cuerpo se relaje y se tranquilice. Cuando un sistema nervioso parasimpático saludable responde, hace que el cuerpo trabaje menos y, por lo tanto, reduce la tensión ejercida sobre órganos como el corazón y las venas. Sin embargo, debido a que el sistema nervioso parasimpático de los hombres 'tipo A' es más débil de lo normal, normalmente son incapaces de calmarse y, por lo tanto, sufren daños corporales.

Extrañamente, incluso el sistema inmunológico de las personas con personalidad tipo A parece ser más débil. El sistema inmunológico juega un papel importante en ayudar al cuerpo a mantenerse libre de células cancerosas al producir otras células asesinas que son responsables de matar las células tumorales una vez que se forman en el cuerpo. Un estudio reveló que los estudiantes con altas tasas de hostilidad (Tipo A) tenían menos células asesinas en el cuerpo durante períodos de alto estrés, como cuando se presentan a exámenes difíciles. Este no fue el caso para los estudiantes de personalidad tipo B.

En resumen, a diferencia de la personalidad tipo B, que es de tipo tranquilo, las personas tipo A están cableadas de manera diferente, ya que pasan más tiempo bajo la influencia de un sistema nervioso excitado. Esto no sucede con la personalidad tipo B. La repetida excitación de la presión arterial y la frecuencia cardíaca, así como otros factores involucrados en la respuesta de excitación de tipo A, causa daños acumulativos y en cierta medida irreparables a los órganos y tejidos del cuerpo. Las diferencias en la exposición al estrés explican las tasas de mortalidad prematura más altas asociadas con la categoría de personalidad tipo A.

Costos Sociales

La ira no solo tiene efectos físicos; más bien, también conlleva una serie de costos emocionales y sociales. La ira se correlaciona con la hostilidad, lo que a su vez dificulta que las personas mantengan relaciones saludables y constructivas. Debido a la naturaleza constante de la ira, las personas hostiles seguirán perdiendo amigos y manteniendo muy pocas relaciones cercanas. Además, las personas hostiles tienen más probabilidades de sufrir de depresión y de ser abusivas hacia los demás, tanto física como verbalmente. Lo más importante es que la ira crónica interfiere con la intimidad en una relación personal, ya sea con un miembro de la familia o con una pareja. Es difícil para las personas normales relajar su guardia al tratar con una persona enojada; por lo tanto, las relaciones se tensan.

A primera vista, esta pérdida de relaciones puede no sonar como un mal destino, especialmente para aquellos que disfrutan de su espacio. Sin embargo, las investigaciones muestran que es importante tener relaciones saludables y de apoyo con amigos, familiares, colegas y compañeros de trabajo para mantener la salud. Tener el apoyo social de pares ayuda a mantener a raya problemas emocionales y condiciones de salud profundas como las enfermedades del corazón. Las personas son menos propensas a sufrir de una depresión debilitante si tienen un apoyo social fuerte y viable.

Las personas enojadas tienden a tener una actitud cínica hacia los demás y a menudo no aprovechan la ayuda cuando se les ofrece. Estas personas también no reconocen el impacto de sus acciones y comportamientos en los demás; rara vez se dan cuenta de que están alejando a las personas gradualmente. La ira hace que estas personas ridiculicen la ayuda genuina de sus amigos. La ira también se ha relacionado con malos hábitos alimenticios y de bebida, así como con el abuso de sustancias. Debido a que las personas enojadas no mantienen vínculos con otras personas, no habrá nadie que les ayude a lidiar con sus malos hábitos, aumentando así las posibilidades de sufrir graves consecuencias para la salud.

La respuesta fisiológica y la excitación debido a la ira evolucionaron para que las personas pudieran manejar las amenazas físicas de manera constructiva. Sin embargo, en el mundo de hoy, hay muy pocas ocasiones que requieren que uno responda con agresión física. Cuando miras los lugares de trabajo, reuniones sociales, hogares, escuelas, etc., hay muy pocos casos en los que las peleas físicas y los altercados verbales son viables. Atacar a un jefe llevará a la pérdida del empleo y pelear con un conductor lento en la carretera realmente te llevará a los tribunales.

La ira no gestionada te llevará a los tribunales, te hará perder tu trabajo e incluso te aislará de familiares y amigos.

Las personas que sufren de ira incontrolada no solo sufrirán físicamente, sino también social y emocionalmente. Es importante que se controle cualquier comportamiento agresivo y disruptivo que surja de la ira mal gestionada.

Costos motivacionales y efectos de la ira

Como se vio anteriormente, la ira no afecta solo el estado físico de una persona. También afecta el estado psicológico de una persona. ¿Alguna vez te has preguntado por qué es difícil para las personas enojadas simplemente dejar de lado sus hábitos? Hay algunas creencias y beneficios motivacionales asociados con la ira. Algunos de estos beneficios son de corto alcance; otros son saludables, mientras que otros son autodestructivos.

En el lado positivo, la ira tiende a generar una sensación de control y poder en una situación que de otro modo implicaría miedo y sentirse débil. Antes del sentimiento de ira, puede que uno carezca de una sensación de fuerza, pero a medida que la emoción aumenta, el control y la rectitud motivan a la persona a cambiar y desafiar la injusticia social o interpersonal difícil. Cuando la ira se maneja de manera adecuada, ayudará a motivar a otros a ganar un caso que de otro modo sería imposible manejar. A veces, la ira ofrece un descanso del sentimiento de miedo y vulnerabilidad; es una buena manera de desahogar frustraciones y tensiones.

La ira aumenta la energía necesaria para defenderse cuando se está cometiendo una injusticia. Por ejemplo, si alguien es víctima de violencia doméstica durante mucho tiempo, y la ira llega a un punto de ebullición, la vulnerabilidad desaparece, y la fuerza toma el control ayudando a la persona a salir de la relación abusiva. En tales escenarios, la ira puede ser una fuerza muy positiva en la vida. Ayuda a uno a seguir adelante y perseverar cuando se lucha por una buena causa, por ejemplo, Mahatma Gandhi y otros luchadores por la libertad.

Aunque la ira tiene motivaciones positivas, también tiene negativas. La ira es capaz de crear y reforzar un falso sentimiento de derecho, es decir, un sentimiento ilusorio de superioridad que permite justificar actos inmorales. Por ejemplo, la agresión motivada por la ira puede usarse para justificar el terrorismo o para acosar y coaccionar a las personas para que hagan lo que uno quiere, incluso si va en contra de su voluntad. Las personas enojadas son más propensas a suscribirse a la filosofía de que el fin justifica los medios y luego seleccionar algunos medios injustificables para alcanzar sus objetivos. Si la ira te ha llevado al lado oscuro de alguna manera, como llevó a Eric Harris y Dylan Klebold, los tiradores de la escuela que asesinaron a sus compañeros en Colorado en 1999, entonces es hora de buscar ayuda.

Es necesario darse cuenta de que la ira puede tener un efecto positivo o negativo. Si, por lo tanto, la ira llega a un punto de ebullición y te hace alejarte de un cónyuge abusivo, entonces esa ira es buena. Pero si usas la ira para intimidar y asustar a otros para que hagan lo que deseas sin considerar las consecuencias, entonces hay un peligro y estás actuando tan mal como un matón.

Capítulo 5: Ira y Salud Mental

La ira no siempre es un trastorno por sí mismo. A veces, puede significar otro trastorno mental. Al evaluar la ira, un terapeuta debe abordar cualquier diagnóstico subyacente. Hay una serie de condiciones mentales estrechamente relacionadas con la ira, incluyendo:

- Trastorno bipolar - Una característica común de la manía es la irritabilidad. Una persona puede tener síntomas de ira en la fase depresiva.

- Depresión mayor - La ira puede estar dirigida hacia uno mismo o hacia los demás.

- Trastorno de la personalidad narcisista - Una persona narcisista puede estallar en ira si alguien hiere o ataca su ego. Utilizan la ira para ocultar otros sentimientos como el miedo y la inferioridad.

- Comportamiento desafiante oposicional - El comportamiento hostil o enojado es uno de los principales signos del TOD en los niños.

- El trastorno por estrés postraumático - PTSD a menudo conduce a un estallido de ira incluso sin provocación. El estrés empuja a una persona al límite de manera que la mente deja de funcionar normalmente.

La conexión entre la ira y el estrés

Puedes preguntarte si el estrés es lo mismo que la ira. ¿Es el estrés un resultado de la ira o es la ira un resultado del estrés? La gente dice que hay más ira en el mundo hoy que hace 20 años. Considerando las condiciones de vida actuales, esto podría ser cierto. Otras personas dicen que hay más ira hoy y es evidente en la violencia en el lugar de trabajo, la ira en la carretera, los tiroteos escolares, etc. El estrés puede aumentar ciertos problemas y si experimentas ira con frecuencia, es probable que el estrés lo empeore.

El estrés saludable es muy bueno cuando se controla. El eustrés (estrés saludable) nos hace levantarnos de la cama por la mañana y perseguir nuestros sueños. También es lo que nos mantiene atentos durante todo el día. Este tipo de estrés no conduce a la irritabilidad ni a la ira. Las personas que carecen de eustrés suelen ser calificadas como desmotivadas o perezosas por los demás.

Por otro lado, hay una forma de estrés llamada angustia. Este tipo de estrés hace que las personas sean irritables o directamente enojadas. Este estrés a menudo ocurre cuando la ira es demasiado y ya no actúa como un motivador. El estrés puede ser abrumador cuando una combinación de estresores se acumula sobre una persona. Un día, el estrés se vuelve demasiado y la persona no sabe cómo manejarlo, por lo tanto, estalla en ira.

¿Hay otro sentimiento que esté detrás del estrés y la ira? Cuando uno se siente enojado o estresado, hay otros sentimientos que lo alimentan. En la mayoría de los casos, uno se estresa o enoja cuando se siente impotente, irrespetado, abrumado, temeroso, etc. Es importante observar los sentimientos detrás del estrés y la ira para identificar el tratamiento más viable. Comprender la causa de tu acción te ayuda a seleccionar pasos que te ayudarán a relajarte.

Una vez que hayas identificado los pensamientos y sentimientos que contribuyen a la ira y al estrés, observa el entorno que te rodea. ¿Es tu entorno caótico? ¿Tu hogar o el ambiente laboral te hacen sentir demasiado fatigado e irritable? Una vez que identifiques los factores estresantes del entorno, busca maneras de evitarlos o lidiar con ellos. A veces, las soluciones se limitan a cambiar tu mentalidad.

Hay sustancias que pueden aumentar la ira y el estrés, incluyendo el azúcar, la cafeína, la nicotina y el exceso de comida. También hay sustancias y prácticas que pueden ayudar a reducir el estrés, incluyendo ejercicios, aprender a comunicarse, pasatiempos, escribir en un diario, yoga, respiración profunda, Qigong y participar en actividades sociales.

Consejos Rápidos para Manejar el Estrés y la Ira

- Pregúntate: "¿Importará mañana, la próxima semana o el próximo mes?"
- Entiende que la única persona responsable de ti eres tú mismo.
- Entiende que la ira y el estrés son energía.

- Depende de ti decidir la forma en que quieres usarla—positivamente o negativamente.
- Entiende que si permites que otras personas te estresen, les estás dando el poder de controlarte. ¿Realmente quieres que otras personas gestionen tus sentimientos?

El impacto de la ira y el estrés

Idealmente, deberíamos estar en un estado de homeostasis: una sensación y vida equilibradas. Físicamente, todo debería estar funcionando perfectamente y también las emociones. Debería haber un estado pleno de bienestar, sin estrés, angustia ni ira. Sin embargo, muchas cosas suceden, perturbando ese equilibrio y enviándonos a otros estados de existencia. Los peligros del mundo exterior son la principal causa de los desequilibrios. Un autor y bloguero llamado Robert M. Sapolsky, MD, afirma que las cebras no tienen úlceras. En su libro titulado "Por qué las cebras no tienen úlceras", el Dr. Sapolsky sostiene que cuando una cebra se siente amenazada por un depredador, sus sentidos de alerta aumentan. La presión arterial aumenta, el flujo de adrenalina se intensifica y el animal entra en modo de lucha o huida. La sangre corre hacia las piernas y el corazón; así, la cebra corre muy rápido. La cebra o escapará o morirá, pero de cualquier manera, olvida tan pronto como la situación ha terminado. Sin embargo, eso no se aplica a los humanos.

Con nosotros, el estrés y la ira durarán mucho después de que la situación haya terminado. Generalmente, los humanos están diseñados para rumiar sobre las cosas y encontrar soluciones. La rumia sobre la situación peligrosa o irritante resulta en niveles elevados de presión arterial y adrenalina. De hecho, estaremos en un estado donde podemos sentir ira cuando no hay ninguna. Esa reacción te dice por qué podrías enojarte en un embotellamiento. El problema es que tales altos niveles de alerta debido al estrés y la ira son perjudiciales para la salud. Deberíamos aprender maneras de manejar el estrés y la ira, y, como la cebra, volver al estado de equilibrio.

La ira y tus creencias

Como hemos visto, hay una variedad de razones por las cuales uno puede enojarse. ¿Sabías o siquiera sospechabas que el sistema de creencias de una persona puede causar una serie completa de ira? Los investigadores han encontrado que las creencias de una persona afectan sus niveles de ira.

¿Qué crees? ¿Qué creencias valoras? ¿Cuáles tienes pero ya no te sirven? ¿Cuáles te están causando daño? Por definición, una creencia es algo que tomas como verdad y, por lo tanto, te aferras a ello. Puede ser una lista de lo que se debe y lo que no se debe hacer—un sistema de valores. Por ejemplo, puedes creer que ser una buena persona te ayudará a sobrellevar la vida, que siempre conseguirás lo que deseas, que todos deberían ser amables en todas las circunstancias, y que nadie se aprovechará de ti. ¿Qué tan cierta es esa creencia?

Muchas creencias se forman durante la infancia basadas en lo que se enseña o lo que se ha observado. Las creencias a menudo son inculcadas por padres, tutores, maestros u otras figuras de autoridad. En muchos casos, estas enseñanzas son un activo cuando se utilizan bien. Sin embargo, algunas de ellas se convierten en creencias que resultan en problemas más adelante en la vida. Por ejemplo, las personas que son llevadas a creer que siempre deben tener su manera son sustancialmente más enojadas que aquellas que fueron enseñadas que no podían ganar todo el tiempo.

La próxima vez que te sientas molesto, mira de cerca las cosas en las que crees. ¿Están contribuyendo a tu ira? ¿Son racionales? Muchas veces, una creencia que lleva a la ira es irracional o impráctica. Una vez que identifiques el problema específico con la creencia, ajústala. Por ejemplo, puedes darte cuenta de que una cierta creencia te hace difícil mantener la calma y la racionalidad. Es mejor dejar ir las creencias absurdas que permanecer enojado.

Otro ajuste que puedes hacer es agregar comprensión a tu creencia. Por ejemplo, si crees que todos deberían tratarte de manera justa en cada otra ocasión, deberías ajustarte a "Debería ser tratado bien, pero hay momentos en los que seré tratado injustamente." Esa es la vida. Aprende a lidiar con ello en lugar de enfrentarlo directamente.

Es posible que desees insistir en que tus creencias son correctas y racionales. Probar tus creencias te ayudará a aprender si tu ira está justificada. Recuerda, la ira es beneficiosa cuando se usa adecuadamente. Por ejemplo, las personas que utilizan la ira para defenderse a sí mismas la están utilizando de la manera correcta. La ira puede ayudarte a escapar de situaciones en las que alguien te maltrata. Si no fuera por las personas que usaron la ira de manera justificada, no tendríamos algunos derechos civiles, algunas personas aún estarían excluidas de votar y habría muchas injusticias en el mundo. Cuando la ira está justificada, utiliza la energía de manera positiva. Evita la violencia. No seas verbalmente abusivo. Evita cosas que puedan hacer daño a alguien más.

El Iceberg

La ira es lo que normalmente vemos. Cuando una persona está enojada, podemos ver las señales, los cambios físicos nos informan. Algunas personas sudan, otras aprietan los puños y otras elevan la voz. Cuando se observa de cerca, la ira es en realidad el iceberg. Lo que todos vemos es solo la punta. Hay un sentimiento complejo detrás de lo sintomático, y varía de una persona a otra. El verdadero iceberg puede estar compuesto de inseguridades, miedo, orgullo herido, y frustración, sentirse irrespetado y otras emociones.

Porque la ira que vemos es solo la punta del iceberg, se necesita algo de trabajo detectivesco para identificar la verdadera causa. Uno tiene que identificar el problema subyacente, para ayudar a la persona enojada. El primer paso para controlar la ira es preguntarse: "¿qué está causando estas emociones?" "¿Qué me hace sentir así?" Cuando una persona examina los sentimientos y las causas de la ira, entonces puede abordar el problema. Técnicas básicas como respirar, contar y meditar te ayudarán a lidiar con la punta del iceberg a corto plazo, pero se requerirá más para soluciones a largo plazo.

Entender el iceberg es una gran manera de controlar tu propia ira y la de otras personas. Cuando utilizas la teoría del iceberg para analizar la ira, te será fácil comprender la ira de otra persona. Por ejemplo, cuando un compañero de trabajo se enoja en el trabajo por una razón que es minúscula, podrás ver que hay otra cosa detrás de la emoción actual. Te resulta difícil reciprocidad la ira con ira cuando sabes que están actuando por miedo, celos, inseguridad, dolor o cosas del pasado. Cuando entendemos esto, es más fácil ser gentiles en nuestras reacciones y empáticos.

Como consecuencia, podremos ayudar a la persona a lidiar con la ira o al menos a mantenerse tranquila. Es triste que muchas personas, y más aún los hombres, crean que está bien mostrar ira a través de la agresión y la violencia, mientras que está mal mostrar otras emociones como la tristeza, el miedo, la culpa o la inferioridad. La mayoría de los sentimientos que llevan a la pérdida de control son parte del iceberg de la ira. Estos sentimientos que no se permiten mostrar son parte de los desencadenantes de la ira ocultos debajo de la superficie. Como tal, se debe observar todos los sentimientos que alimentan la ira. En lugar de tomar la ruta machista y expresar lo que es socialmente aceptable, busque formas de discutir sus verdaderos sentimientos. Mire más allá de la ira y enfrente los verdaderos problemas; esto le ayudará a lidiar con sus propias emociones, así como con las de las personas que lo rodean.

Rabia, Alcohol y Abuso de Drogas

Recuerda que la ira que vemos en las personas y en nosotros mismos es solo la punta del iceberg. Hay más detrás de eso. Algunas personas tendrán problemas de manejo de la ira derivados del abuso de drogas y sustancias. Otros tienen problemas de ira debido a daños cerebrales.

En eventos donde una persona está abusando de drogas y tiene problemas de manejo de la ira, el problema principal es que las drogas están atacando la funcionalidad del cerebro. Cuanto más utiliza drogas, más enojado/a se vuelve. Una variedad de razones puede contribuir a tal ira. Por ejemplo, cuando la persona se queda sin drogas, se enojará. Si hay problemas familiares o personales que surgen debido a las drogas, y la persona afectada no puede manejarlos, se enojará. Los ataques químicos directos al cerebro pueden resultar en ira.

Tenga en cuenta que generalmente es difícil manejar la ira si la persona enojada usa drogas con frecuencia. Un terapeuta puede trabajar con una persona así hasta que se quede sin aliento y probablemente no funcionará. Tales personas necesitan ayuda con el abuso de sustancias antes de que puedan trabajar en su ira. Un programa de abuso de sustancias ayudará más al paciente que un programa directo de manejo de la ira.

Algunas personas tienen problemas de ira debido a lesiones cerebrales. Las secciones del cerebro responsables de controlar la ira y otros impulsos se denominan lóbulos frontales, y se encuentran justo detrás de la frente. Un accidente, como un choque de coches, golpearse la cabeza o caerse, puede convertir a una persona normalmente tranquila en un individuo enfurecido y enojado. De hecho, es muy fácil dañar el cerebro hasta el punto de seguir perdiendo los estribos. En el caso de que una persona enojada haya tenido un accidente que podría haber dañado el cerebro, es recomendable que visite a un neurólogo antes de acudir a un terapeuta de manejo de la ira. Hay intervenciones médicas para algunos de estos casos. Ayudan a una persona antes de que pueda asistir a terapia. La mayoría de los casos que involucran lesiones cerebrales requieren combinar medicamentos psiquiátricos con programas de manejo de la ira. Aunque muchas personas creen que no hay esperanza para quienes tienen problemas de ira derivados de lesiones cerebrales, hay algo de ayuda. Un gran número de personas ha aprendido a manejar la ira a pesar de las lesiones. Sin embargo, se necesita mucha dedicación y trabajo.

Capítulo 6: La elección de gestionar la ira

El manejo de la ira a menudo se describe como la capacidad de desplegar la ira con éxito. El objetivo mejor ajustado del manejo de la ira implica regular y controlar la ira para que no cause problemas. Aunque la ira es parte de las emociones humanas, las formas en que elegimos expresarla pueden no ser aceptables o normales para las personas a nuestro alrededor. Una vez que una persona sospecha que tiene problemas de ira, o si las personas de confianza a su alrededor le dicen que tiene desafíos para gestionar su ira, hay una necesidad de aprender a tener un mejor control sobre la emoción.

Hay una variedad de programas de manejo de la ira e información disponible para cada persona a través de diferentes plataformas. Estos programas y planes están diseñados para ayudar a manejar la ira y desarrollar una vida emocional saludable. Una buena ira ayuda a mantener una buena relación con otras personas y, como tal, los programas de manejo de la ira te ayudarán a dominar tu problema de ira. Sin embargo, al igual que cualquier otro programa, aquellos diseñados para el manejo de la ira beneficiarán a las personas que los sigan completamente y apliquen todo lo que tienen para ofrecer.

Aprender a controlar la ira requiere un compromiso profundo porque es una tarea continua. Requiere muchos cambios con respecto a las formas del pasado. Se te pedirá que reconsideres las respuestas automáticas que solías utilizar. También se te pedirá que asumas más responsabilidad por acciones y pensamientos que no requerían mucha reflexión en el pasado. Todos los cambios mencionados anteriormente requerirán un plan y mucha disciplina. En un esfuerzo por ayudarte a adquirir este plan y disciplina, te ayudaremos a revisar las formas en que las personas normales abordan grandes cambios. Esta perspectiva te ayudará en el proceso de manejo de la ira. Es importante entender la mejor manera de afrontar un desafío, así como es importante superar el problema.

Las Etapas del Cambio

Normalmente, las personas atraviesan un conjunto de etapas predecibles a medida que enfrentan eventos que cambian la vida. El progreso a través de estas etapas se debe en gran medida a una combinación de técnica, motivación y dedicación. Algunas personas avanzan rápidamente a través de las etapas, mientras que otras se toman su tiempo y, en algunos casos, dan un paso o dos hacia atrás antes de poder avanzar nuevamente.

A medida que estudias las siguientes etapas, es importante considerar cómo cada etapa afectó tu vida durante un tiempo de cambio. ¿Cómo se desarrollaron las etapas en tu vida? También es bueno considerar cómo trabajarás a través de los desafíos que se presentan en cada etapa mientras persigues tus metas de manejo de la ira. No hay una regla que indique que uno debe seguir la secuencia de las etapas como se enumeran a continuación, pero uno debe asegurarse de entender bien cada etapa para lograr las metas establecidas.

La decisión de controlar la ira definitivamente presentará un gran cambio en la forma en que uno vive su vida. Es difícil que uno quiera hacer un gran cambio en la vida a menos que haya algo grande que venga y lo haga reconsiderar las viejas maneras de hacer las cosas. Hay cosas que aparecen en la vida de un individuo motivándolo a buscar nuevas formas de manejar las situaciones. La mayoría de las personas solo hacen cambios cuando han experimentado consecuencias serias de la ira en sus vidas personales, ocupacionales y sociales. Uno puede buscar ayuda después de que un cónyuge haya solicitado el divorcio tras una gran pelea o haya perdido un trabajo debido a un desacuerdo en el lugar de trabajo. Algunas personas buscarán ayuda cuando se den cuenta por sí mismas de que están guardando demasiada ira, mientras que otras buscarán ayuda solo para que los demás los dejen en paz.

Etapa de conciencia: La etapa de conciencia normalmente comienza cuando la persona enojada busca información sobre el manejo de la ira, como qué es la ira; ¿cómo afecta las relaciones y la salud? ¿Cómo se puede controlar?

Etapa de preparación: La diferencia entre la etapa de conciencia y la etapa de preparación es el compromiso. En la etapa de conciencia, la persona se concentra en recopilar información. Por otro lado, la etapa de preparación implica la decisión de expresar la ira de manera constructiva. Además del compromiso, la preparación también implica planificación y autoestudio. Durante todas las etapas, y más aún en la etapa de preparación, es importante que uno lleve un diario de manejo de la ira donde registre las cosas que le generan ira, los sentimientos y reacciones, y las consecuencias. El diario de ira ayuda a uno a ser más consciente e identificar los desencadenantes de la ira y, por lo tanto, a dar una visión de las proporciones de la ira.

Cuanto más estudies tu ira, mayores serán las posibilidades de cambiar la forma en que la expresas.

Etapa de acción: Esta etapa implica la iniciación de un cambio real. Uno puede decidir tomar un curso profesional sobre manejo de la ira o comprar un conjunto de libros de orientación, grabaciones o videos. La etapa de acción también implica diseñar un programa personal para ayudarte de manera individual. Sin embargo, independientemente del programa que se utilice, no será de ninguna ayuda si la persona no los aplica con persistencia y dedicación.

Manteniendo los logros: La etapa de mantenimiento de los cambios en la vida es una etapa interminable. Implica la realización y aceptación de que eres humano y eres propenso a cometer errores, no eres perfecto y, en ocasiones, actuarás de manera inapropiada, pero lo mejor es que siempre puedes recuperarte de los deslices de comportamiento. Alcanzar un cambio de comportamiento sostenido lleva tiempo. En algunos casos, tomará múltiples fracasos e intentos antes de que uno pueda alcanzar la meta establecida. Cada vez que uno vuelve a un comportamiento antiguo, utiliza las estrategias y herramientas que ha aprendido en el camino para regresar dc donde cayó.

Es particularmente difícil para la mayoría de las personas con problemas de ira reunir la motivación necesaria para un compromiso serio de trabajar a través de un programa de manejo de ira. Verás, la ira tiene una cualidad autojustificativa y seductora; por lo tanto, las personas típicamente no se sentirán atraídas por el manejo de la ira por su propia voluntad. La mayoría de los casos involucrarán a la persona sufriendo serias consecuencias de la ira antes de darse cuenta de que hay una necesidad de ayuda para controlar los estallidos. Incluso después de la realización, la motivación para seguir el programa puede ser realmente escasa.

Normalmente, las personas enojadas dejarán de asistir a un programa de manejo de la ira justo antes de terminarlo y, en otros casos, aquellos que lo terminan pueden no aplicar las técnicas que aprendieron. Como tal, la mayoría de las personas requieren una repetición de los programas de manejo de la ira varias veces antes de que realmente puedan entender el mensaje que necesitan incorporar en sus vidas por sí mismos.

Tratamiento obligatorio de manejo de la ira

Como se vio anteriormente, no todas las personas buscarán ayuda de buena gana cuando tienen problemas de manejo de la ira. Recuerda que la ira tiene motivaciones; cosas que le hacen sentir bien. Sin embargo, en casos extremos, el tribunal puede obligar a las personas a asistir a programas de tratamiento para la ira. Si alguien está causando daño a otros a través de la ira, y él/ella demuestra la falta de disposición para trabajar en los hábitos, el tribunal está dispuesto a exigirle que asista a las clases. Un empleador también puede obligar a un empleado enojado a asistir a seminarios y programas de manejo de la ira, incluso si es a través del patrocinio de programas de asistencia para empleados.

En el caso de que se le haya ordenado por un tribunal o empleador asistir a programas de tratamiento de manejo de la ira, es vital que aproveche al máximo la demanda. Es mejor participar plenamente en el programa. Puede que no sea su voluntad pasar por el programa, pero por favor entienda que es para su bien. Las personas que lo han mandado tienen buenas intenciones; quieren que tenga el control de su vida antes de que otras personas empiecen a controlarla por usted. Están tratando de protegerlo de perder su trabajo, perder sus relaciones e incluso ir a la cárcel. Aprender las formas en las que puede aplicar la ira de una manera más productiva mejorará su vida y reducirá las posibilidades de sufrir ciertas enfermedades y muertes prematuras. Mantener esta comprensión en mente le ayudará a participar plenamente y beneficiarse del programa de manejo de la ira.

El compromiso es esencial si realmente deseas obtener todos los beneficios del programa. Aprende y practica las técnicas muchas veces para ayudarte a cambiar tu comportamiento. El único boleto que garantiza el éxito en un programa de manejo de la ira es hacer lo que sea necesario para asegurar que el programa funcione. Recuerda que puede haber efectos negativos si no sigues todo el programa. El cambio real solo ocurrirá si cooperas. Sin una cooperación plena, incluso una oportunidad genuina de cambiar vidas no te ayudará.

¿Por qué debes mantener la calma?

En la mayoría de los casos, la ira viene con mucha justificación: te sientes en lo correcto y la otra persona está equivocada. Sin embargo, como se vio anteriormente, no puedes andar desquitando la ira con cada persona; incluso las normas sociales no permiten eso. No está bien atacar a otras personas solo porque sientes que son objetivos. Hay muchas consecuencias de la ira desenfrenada, y las sanciones que podrían imponerse pueden ser devastadoras. En el mundo de hoy, donde las personas son aterrorizadas, los brotes violentos no son bien aceptados; por lo tanto, si atacas a alguien físicamente, sin importar las razones, hay una buena probabilidad de que seas arrestado o castigado. En el trabajo, si atacas a un cliente, a un compañero o incluso al jefe, hay muchas posibilidades de que te despidan. Si el ataque se dirige hacia tu hijo, ten por seguro que será apartado de tu custodia. Si el niño no es llevado, entonces asegúrate de que le has enseñado que está bien actuar con ira hacia los demás. Si explotas con tus amigos, es probable que se alejen de ti y se abstengan de ayudarte.

Cuando consideras todos los riesgos asociados con la ira descontrolada, es importante desarrollar una lista de las razones por las que deberías mantener la calma y la serenidad en ciertas situaciones. Lee las razones con frecuencia para que puedan permanecer claras y fijas en tu mente. Las razones que elijas deberían basarse en las consecuencias prácticas que podrían recaer sobre ti si permites que te descontrole.

Algunos ejemplos de las razones que puedes anotar incluyen:

- "Debo mantener la calma para poder conservar mi trabajo."
- "Debo mantener la calma, así evito ser arrestado."
- "Necesito mantener la calma, para que mis hijos no aprendan malos hábitos de ira de mí."
- "Necesito mantener la calma, para que mi pareja no me deje, etc."

Los Principales Desafíos que

Obstaculizan el Cultivo de una Ira Saludable

Muchas personas con ira destructiva buscan maneras de superarla, ya sea por su propia voluntad o porque alguien, por ejemplo, un cónyuge, se lo ha pedido. Una vez que una persona se da cuenta y reconoce el efecto de la ira destructiva, busca formas y estrategias para minimizar la reactividad y vulnerabilidad a la ira. Sin embargo, estas personas a menudo fracasan en sus intentos de manejar la ira.

Pueden estar muy motivados para realizar los cambios requeridos, pero las mentalidades en conflicto socavan los esfuerzos. Mantener y mostrar ira cumple un propósito. Por ejemplo, la ira puede convertirse en una armadura emocional que ayuda a distraer y proteger al individuo de soportar conscientemente la amenaza específica. Tal ira conduce a una forma de paz que consuela a la persona afectada. Como tal, la persona afectada tendrá un conflicto al hacer los cambios necesarios para el manejo de la ira.

Para superar los desafíos que socavan el cultivo de una ira saludable, uno debe reconocerlos y superarlos. Algunos de estos desafíos incluyen:

1. La subestimación del trabajo que tomará cambiar

Estamos viviendo en una sociedad que cree en soluciones rápidas para todo. Muchas cosas ahora se resuelven fácilmente utilizando tecnología avanzada. Calientas tu comida en unos pocos segundos, llegas a la tienda en unos minutos e incluso disfrutas de duchas instantáneas. Sin embargo, las soluciones rápidas no pueden aplicarse a prácticas desarrolladas a lo largo de muchos años. El cultivo de una ira saludable necesita tiempo, paciencia y compromiso.

1. Ira hacia la cantidad de esfuerzo necesario para el cambio

Después de darse cuenta de que la buena ira solo se desarrollará a partir del compromiso, la dedicación y la paciencia, muchas personas se sienten más enojadas. Esta ira incluso puede conducir al resentimiento hacia las personas que carecen de tales desafíos de ira.

1. La ira normalmente funciona a corto plazo.

El hecho de que la ira sea solo una solución a corto plazo para los desafíos hace que la persona afectada se sienta sola y aislada. La ira actúa como una distracción de los sentimientos amenazantes y el dolor interno. En otros casos, la ira puede ser utilizada para invocar ansiedad y miedo en otras personas, brindando así una sensación de poder a la persona enojada. Una vez que la ira se ha ido, la persona se sentirá aislada y, como tal, puede que no esté dispuesta a hacer todo lo necesario para cultivar una ira saludable.

1. Incomodidad en la reflexión

Para entenderse a uno mismo, es necesario tener soledad y reflexión. Tomar tiempo para reflexionar nos permite ser más conscientes de cómo facilitamos nuestra ira. Sin embargo, la mayoría de las personas encuentra la reflexión y la soledad extremadamente incómodas. Normalmente, la sociedad exige que seamos sociales y que evitemos la autoindulgencia.

1.
   Pensar y sentir que uno necesita cambiar hábitos son dos cosas diferentes.

Una persona puede pensar que necesita cambiar los hábitos pero carece de la voluntad. Sin embargo, cuando hay la sensación de que uno necesita cambiar sus hábitos, entonces es probable que busque los cambios necesarios. Puede ser un desafío desarrollar una ira saludable cuando la mente y el corazón están en desacuerdo.

1.
   Familiaridad

Años de vivir con ciertas características nos hacen familiarizarnos y sentirnos cómodos con la persona que nos convertimos. Por ejemplo, cuando uno vive con ira durante demasiado tiempo, puede comenzar a pensar que la ira es una parte normal de su vida. Nos sentimos cómodos con nosotros mismos porque hemos vivido de una manera particular durante muchos años.

La verdad es que estamos sujetos a cambios y dependemos en gran medida del conjunto de hábitos que desarrollamos y seguimos a lo largo de los años. Por lo tanto, podemos cultivar maneras mejores y más útiles de enfrentar la vida, así como aprendimos las formas con las que estamos familiarizados.

1.
   La tensión que acompaña la aplicación de nuevas habilidades

Todos conocemos la sensación que acompaña el aprendizaje de nuevas habilidades. Cuando estamos probando cosas nuevas, tenemos miedo de fracasar, inseguros ante lo desconocido. Hay una sensación de torpeza, insuficiencia, intolerancia y cierto grado de autocrítica. Adquirir nuevas habilidades requiere una fuerte tolerancia a la frustración. Los momentos de aprender y aplicar nuevas habilidades requieren amor propio y compasión. Exigen la realización de que los errores son una parte normal de la vida. Por lo tanto, es importante que establezcamos metas realistas al desarrollar una ira saludable; de lo contrario, podríamos sentirnos frustrados y rendirnos.

1.
    La sensación gratificante que acompaña a la ira

En algunos casos, la ira se acompaña de una excitación física que borra los pensamientos de duda y hace que uno se sienta lleno de energía y vivo. La ira hace que el nivel de la hormona cortisol aumente. Esta hormona ayuda a las personas a responder a situaciones estresantes, por lo tanto, provoca una mayor sensación de energía. Desafortunadamente, la excitación física obstaculiza la capacidad de emitir un juicio acertado. Un ingrediente esencial de la ira saludable es la capacidad de ser consciente de la excitación en lugar de actuar impulsivamente. Esta atención plena implica identificar las cosas que son de nuestro mejor interés a largo plazo.

1.
    Usar la ira para evitar la responsabilidad

Algunas personas utilizan la ira para evitar la responsabilidad. Hay cientos de personas que aferran la ira y culpan a alguien más por su destino. Estas personas pueden culpar a sus padres, familiares, empleadores, compañeros de trabajo, etc., a quienes creen responsables de su sufrimiento. Incluso mucho tiempo después de que las personas acusadas se han ido, aquellos que mantienen esa ira continúan culpándolos. De alguna manera, esta ira refleja un grado particular de dependencia. Contradictoriamente, dejar ir esta ira implica soltar la culpa y aceptar la responsabilidad por el papel que desempeñamos. La ira saludable implica darse cuenta de que depende de nosotros encontrar el significado y la estructura de nuestras vidas y también dar los pasos hacia vivir lo mejor que podamos.

1. Concentrándose en las actividades que son gratificantes a corto plazo

Muchas de las actividades que las personas quieren seguir en un esfuerzo por desarrollar una ira saludable son a corto plazo y dan resultados por un período de tiempo muy corto. Sin embargo, se necesita mucha autorreflexión para alcanzar una ira saludable. A menudo buscamos actividades llenas de diversión que desvíen nuestra atención a corto plazo en lugar de las actividades a largo plazo que pueden llevar a una gratificación más duradera y profunda. Comprometerse con una ira saludable requiere concentrarse en los beneficios a largo plazo y, por lo tanto, buscar métodos de manejo de la ira duraderos.

1. Trastornos mentales

Hay ciertos tipos de trastornos mentales que socavan el compromiso y la motivación para el cambio en lo que respecta a la ira. Un trastorno mental puede requerir tratamiento antes de que una persona comience a cultivar hábitos saludables en cualquier dirección. Estos pueden requerir psicoterapia y/o medicación.

Algunas de las estrategias que se pueden utilizar para enfrentar estos desafíos incluyen:

1. Identifica los obstáculos que podrían afectar la búsqueda de una ira saludable. Identificar los principales impedimentos de la ira saludable ayudará a mitigarlos.
2. Escribe una lista de razones por las que necesitas cultivar una ira saludable, la importancia, el logro previsto y las diferencias que esperas ver en tu vida.
3. Identifica un momento específico en tu rutina diaria donde practiques las actividades que ayudan a desarrollar una ira saludable.
4. Haz un seguimiento de los principales desafíos que bloquean tu logro e identifica dónde podrías fallar.
5. Busca ayuda de otras personas que puedan ayudarte a alcanzar tus metas, por ejemplo, familiares y profesionales.
6. Participa en actividades de meditación formales e informales. Te ayudarán a obtener una mayor conciencia de los desafíos para el progreso.
7. Saborea y celebra los momentos de progreso. Cada cambio visible debe ser apreciado porque es una señal de progreso positivo.

Capítulo 7: Pasos para Manejar la Ira de Manera Efectiva

Usando un Diario de Ira

Una de las técnicas más recomendadas para lidiar con la ira incluye el uso de un diario o cuaderno de ira. Este diario es útil después de que una persona ha identificado las calificaciones de ira.

La evaluación de la ira se refiere a una técnica aplicada por las personas para medir los niveles de ira. Teniendo en cuenta el hecho de que la ira no es un estado físico que se pueda medir como la temperatura corporal utilizando un dispositivo físico, uno tiene que identificar una escala personal con calificaciones. La ira es compleja porque involucra aspectos físicos, emocionales y psicológicos; por lo tanto, puede ser difícil de evaluar.

Uno debería imaginar una forma de termómetro que mide el grado de ira que está sintiendo en un momento dado. Cuando comienzas a sentirte irritado o frustrado, el mercurio en el termómetro comienza a subir; cuando estás enojado pero bajo control, el mercurio sube a la mitad, y cuando no estás en control, el termómetro marca el máximo. Se puede calificar la ira del 0 al 100, donde cero significa que uno está en control, mientras que 100 significa ira total.

Las valoraciones de la ira son esenciales porque brindan retroalimentación sobre la probabilidad de perder el control o explotar en cualquier momento. Al aprender a rastrear la ira, uno reconocerá los momentos de desafío, las posibilidades de perder y mantener el control, y los pasos a seguir para calmarse.

Aunque las calificaciones de ira ayudan a uno a tomar conciencia de los niveles de ira, no le permiten dejar de estar enojado. Por lo tanto, uno necesita desarrollar un plan para ayudar a calmarse y manejar la ira. Algunas de las cosas que uno podría incorporar en el plan son 'tomarse un tiempo fuera' cuando la ira comienza a aparecer, es decir, alejarse de la persona o cosa que está haciendo que uno pierda la calma. Otro medio para lidiar con la ira puede incluir cambiar la conversación de un tema que irrita a uno que sea más neutral.

Hay muchos aspectos que se pueden aplicar para difundir una situación que provoca ira. Las mejores técnicas incluyen aquellas que ayudan a mantener la calma sin dañar el orgullo. Debido a que cada persona tiene fortalezas y debilidades únicas, la lista de estrategias y el plan deben ser personalizados para satisfacer las necesidades específicas.

Como dice el refrán, "La prevención es la mejor medicina." Es importante poder predecir las situaciones que podrían provocar ira. Esta habilidad ayudará enormemente a una persona a controlar y mantener su temperamento bajo control. Se puede optar por evitar por completo las situaciones que provocan, y si la evitación no es posible, entonces se podrá preparar con formas de mitigar el peligro de perder el control antes de entrar en la situación peligrosa.

Un diario o registro de la ira puede ser una herramienta muy útil para ayudarte a llevar un registro de experiencias con la ira. En el diario, se deben hacer registros diarios de las situaciones provocativas encontradas. Para obtener el máximo beneficio del diario, hay ciertos tipos de información que se deben registrar para cada evento provocativo:

- En la situación, ¿qué parte fue provocativa?

- ¿Qué parte en particular te hizo sentir dolorido o estresado?

¿Qué pensamientos pasaban por tu cabeza durante la situación?

- En cuanto a la calificación de ira, ¿qué tan enojado te sentiste?

- ¿Cómo te comportaste?

- ¿Cuál fue el efecto de tu comportamiento en ti mismo y en los demás?

¿Qué ocurrió exactamente?

- ¿Cómo reaccionó tu cuerpo?

¿Te dolía la cabeza?

- ¿Luchaste o te asustaste?

- ¿Gritaste, slamaste puertas o te volviste sarcástico?

- ¿Cuáles fueron las consecuencias de la situación?

Después de registrar esta información durante un período de tiempo, revisa el diario e identifica los temas recurrentes, los desencadenantes constantes, las cosas que te hacen perder la calma. Los desencadenantes pueden caer en ciertas categorías que incluyen:

- Personas que no cumplen con lo que se espera de ellas o hacen lo que no se espera.
- Eventos situacionales, por ejemplo, atascos de tráfico, teléfonos sonando, problemas con la computadora, etc.
- Personas aprovechándose de otros
- Ira y decepción por uno mismo
- Una combinación de cualquiera de las categorías anteriores

Durante la revisión del diario, también es importante buscar pensamientos que desencadenan ira. Estos pensamientos serán identificables porque tienden a repetirse y probablemente involucren algunos de estos temas:

- El pensamiento de que aquellos que te ofendieron lo hicieron intencionadamente para causar daño.
- La percepción de que has sido perjudicado y victimizando.
- La creencia de que las otras personas estaban equivocadas y que deberían haber actuado de una manera diferente.

- El pensamiento de que aquellos que te hicieron daño son estúpidos y malvados.

El diario también te ayudará a identificar las instancias en las que te sentiste herido y las razones por las cuales te sentiste así. ¿Por qué crees que la persona hizo algo deliberado para dañarte y por qué crees que la persona estaba equivocada y tú tenías razón? Rastrear estos pensamientos ayudará a una persona a comenzar a ver los aspectos comunes de estas experiencias. Algunos tipos de pensamientos desencadenantes incluyen:

- A la gente no le importas; no están prestando suficiente atención a tus necesidades.
- La gente espera y exige demasiado de ti.
- Otras personas son descuidada y groseras.
- Otros son egoístas y se están aprovechando de ti.
- Otros piensan solo en sí mismos y utilizan a las personas.
- La gente te avergüenza, critica y falta al respeto.
- La gente es mala o cruel, estúpida e incompetente, desconsiderada e irresponsable, etc.
- La gente busca maneras de empujarte más abajo y no ofrece ayuda.
- La mayoría de las personas son perezosas y

- harán cualquier cosa para evitar su parte del trabajo.
- Las personas están tratando de manipular o controlarte.
- Las personas te están ralentizando.

Hay ciertas situaciones en las que estos temas son más propensos a ocurrir, incluyendo:

- Cuando alguien dice que no
- Cuando se expresan y se reciben sentimientos negativos
- Cuando se trata de una situación en la que no hay cooperación
- Cuando hablas de cosas que te molestan
- Cuando protestamos,
- Al proponer y oponerse a una idea

En el fondo de cada pensamiento provocador hay una noción de que las personas se comportan de manera inapropiada y que tienes derecho a estar enojado con ellas. La mayoría de las personas identificará una serie de pensamientos que desencadenan ira. Deberías buscar casos y situaciones que conduzcan a la ira y ver si puedes identificar los pensamientos desencadenantes que llevaron a la ira.

El propósito del diario es ayudar a identificar los patrones de comportamiento y las especificaciones recurrentes que realmente hacen que uno pierda la calma. Cuando se utiliza bien, el diario permite observar comportamientos y sentimientos con precisión. Como consecuencia, se podrá identificar los planes de mitigación para ayudar a manejar la ira. Cuando uno comprende las formas en que siente ira, puede planificar estrategias para manejar la ira de manera más productiva.

Una vez que hayas identificado los desencadenantes, surge la necesidad de desactivarlos.

Identificar y entender los desencadenantes de la ira y su tema ayuda a trabajar de manera más constructiva. Recuerda que los pensamientos que desencadenan la ira ocurren por sí solos; por lo tanto, se requerirá que uno trabaje conscientemente para sustituir la ira por algo más positivo.

Por ejemplo, si estás conduciendo en una autopista y algo te obstruye, toma nota consciente de los signos fisiológicos de ira que indican un malestar. A continuación, respira hondo y observa la situación de manera más racional en lugar de seguir el impulso de atacar. Es importante mirar la situación de manera racional en lugar de asumir que la obstrucción fue deliberada (lo que podría ser el primer pensamiento en situaciones de ira). Identificar que la acción provocadora no estaba dirigida deliberadamente hacia ti te ayudará mucho a lidiar con la ira de manera racional y con más tolerancia.

Cuando sientes que tu ira está justificada, solo creas espacio para más ira, incluso cuando no tiene sentido. Será mejor si dejas de justificar la ira pronto para ayudar a que disminuya más rápido. Aunque toda ira puede ser legítima y en el momento de sentirla, eso no justifica ningún acto negativo realizado por ira. Ten en cuenta que la ira excesiva y descontrolada es mala para la salud y causa destrucciones hacia las relaciones importantes con otras personas.

Técnicas de Relajación para el Control de la Ira

La ira se puede manejar utilizando una variedad de técnicas, pero la mayoría de ellas no funcionarán si se utilizan de manera casual. Uno debe comprometerse a usarlas y practicarlas para tener oportunidades de un efecto positivo.

Respiración profunda controlada

La tasa de respiración y la frecuencia cardíaca de un individuo aumentan cuando uno se siente emocionalmente excitado. Se pueden revertir estos efectos al reducir deliberadamente la tasa de respiración y relajar sistemáticamente los músculos tensos. Uno puede mantener el control utilizando estas prácticas de relajación.

Cuando uno está molesto, se encuentra tomando respiraciones rápidas y superficiales. La continuación de esta respiración superficial solo agrava la ira. En lugar de eso, uno debería tomar medidas para controlar la respiración y relajar deliberadamente los músculos tensos para calmarse. Para obtener todos los beneficios de esta técnica, uno debería reservar al menos 15 minutos para hacer este ejercicio. Seleccionar menos tiempo hará que la práctica sea ineficaz.

Practicando la respiración lenta

Primero, inicia los esfuerzos de relajación tomando varias respiraciones profundas pero lentas seguidas. Asegúrate de que cada vez que respires, expulses el aire el doble de tiempo de lo que inhalaste. Esto significa, cuenta lentamente hasta tres al inhalar y luego cuenta hasta seis mientras exhalas lentamente. Respiraciones más largas traducen a mejores resultados.

Durante la técnica de respiración, tómate un tiempo para observar el movimiento del aire dentro de los pulmones. Una vez más, abre los pulmones y la cavidad torácica, y respira profundamente y con plenitud. Este aliento debe llenar primero el vientre, luego el pecho y, más tarde, la parte superior del pecho, justo debajo de los hombros. Siente cómo las costillas y los pulmones se expanden con el aire. A continuación, tómate un tiempo para sentir cómo las costillas regresan a su lugar original al exhalar. Practica esta técnica durante el tiempo que puedas.

Esta respiración lenta y deliberada ayudará a uno a regresar su respiración a tasas regulares siempre que se sienta enojado. Los patrones de respiración controlada ayudan a uno a controlar muchos aspectos del cuerpo. Teniendo en cuenta que todas las cosas en el cuerpo están conectadas, la respiración lenta y profunda te ayudará a controlar la frecuencia del latido del corazón, la tensión en algunos músculos y, en algunos casos, los dolores.

En una serie de eventos, la ira se manifiesta como tensión muscular. Por lo general, esta tensión se acumula en el cuello y los hombros y puede durar mucho después de que la ira se ha ido. Si el cuello está tenso, es esencial practicar la técnica de relajación muscular que consiste en mover lentamente y con suavidad el cuello de lado a lado. Rote la cabeza de un hombro al otro coordinando la respiración; incline hacia un lado mientras exhala y hacia el centro mientras inhala. Repita la técnica hasta que la tensión en los músculos empiece a desvanecerse. La tensión en los hombros se puede liberar mediante un encogimiento y liberación cuidadosos y deliberados varias veces.

Otra práctica que puede ayudar a la relajación de los músculos del hombro es rodarlos hacia atrás y hacia adelante. Utilizar la técnica de respiración y relación muscular ayudará a relajarse. Usa el diario de la ira para revisar las áreas que se sienten tensas durante momentos de ira y utiliza las técnicas de relajación para solucionarlas.

Relajación muscular progresiva

Para algunas personas, las técnicas de relajación pueden no funcionar; por lo tanto, pueden intentar lo opuesto, que implica:

- Apretar y tensar los músculos estresados durante aproximadamente 15 segundos y luego soltarlos lentamente. Si sientes dolor debido a estas técnicas, asegúrate de soltar los músculos de inmediato.
- Mueve de un grupo de músculos al siguiente hasta que todos los que están tensos hayan recibido el ciclo de tensión y liberación. Con un poco de práctica, se puede utilizar la técnica de tensión y liberación en todo el cuerpo en unos pocos minutos. Se ha encontrado que la técnica de tensión y relajación es más efectiva que la técnica de relajación sola.
- Cualquiera que sea la técnica que se esté utilizando, se debe dedicar entre 20 y 30 minutos antes de alcanzar un estado completamente calmado. Durante este tiempo, es necesario

mantener una respiración muy profunda y regular. También se debe decir a uno mismo que pronto estará mejor para seguir adelante.

Las técnicas de relajación, como las descritas anteriormente, aseguran que una persona no se concentre demasiado en estar enojada. Estas técnicas le dan a uno tiempo para reflexionar sobre las circunstancias que rodean su momento de malestar y también tiempo para generar nuevas soluciones a los problemas que enfrenta.

La Prueba de Realidad como una Herramienta de Manejo de la Ira

La ira es una emoción que hace que las personas no puedan pensar con claridad durante momentos de malestar. Cuando uno está enojado, tiende a tomar decisiones sobre una situación o caso de inmediato. Estas personas tienden a pasar más tiempo reflexionando sobre cómo se sienten y cómo la situación ha afectado su vida normal en lugar de mirar las cosas de manera crítica. Uno tendrá una mejor oportunidad de mantener el autocontrol si puede evitar mirar solo hacia el interior, sino también evaluar la situación desde la perspectiva de otras personas. No mires demasiado cómo te hicieron sentir las personas o las cosas; en su lugar, concéntrate en entender todos los detalles.

Aunque puede ser difícil, uno debe exprimir el mensaje de la situación incluso cuando el impulso de ira está dominando la situación. Es importante considerar el mensaje que la ira te está transmitiendo y lo que puedes aprender de ello. ¿Qué aspecto de la situación particular te está haciendo enojar? ¿Por qué? ¿Qué puedes hacer para mejorar las circunstancias? Luego utiliza las técnicas de relajación para reducir la tensión del momento.

Recuerda que no tienes que responder a la situación de inmediato, especialmente si la ira está tomando el control. La mayoría de las situaciones son lo suficientemente flexibles como para que uno tome un tiempo, reúna los hechos y pensamientos correctos, y luego responda. Tómate un tiempo para pensar en la situación antes de actuar. También puedes tomarte un tiempo para hablar sobre las cosas con una persona de confianza antes de tomar una decisión. Cuanto más se acerca uno a una situación problemáticas de manera relajada y preparada, mayores serán las posibilidades de obtener resultados positivos. Una mente tranquila ayudará a uno a conseguir lo que quiere.

Prueba de Realidad

En la mayoría de los países, se asume que un criminal acusado es inocente hasta que hay pruebas suficientes de culpabilidad. Sin embargo, las personas enojadas no hacen esta suposición; más bien, asumen que las personas que les molestan son realmente culpables. Las personas enojadas tienden a culpar a otros y a veces a sí mismas por las cosas que salen mal. Las personas enojadas tienden a hacer la suposición de que el objetivo al que se culpa ha causado realmente que las cosas salgan mal. Sin embargo, esto no siempre es así porque la persona acusada puede ser un transeúnte inocente que quedó atrapado en la situación. Para manejar mejor la ira, es mejor desacelerar y hacer consideraciones serias en lugar de actuar según el primer impulso. Las pruebas de realidad te ayudarán a saber si la ira está justificada y si la persona que recibe la ira es realmente culpable. El primer paso para construir hábitos viables de prueba de realidad implica renunciar a la suposición de que la primera impresión de la situación siempre es precisa. Es difícil conocer la verdad a primera vista, especialmente cuando uno está enojado. En la mayoría de los casos, solo vemos un lado de la historia (el nuestro). La realidad suele ser más complicada de lo que vemos y apreciamos.

A modo de ilustración, imagina que la gente cree que la tierra es el centro del universo y que el sol y la luna realmente giran a su alrededor. La gente en el mundo antiguo también creía que el mundo es plano y que si caminabas lo suficientemente lejos, llegarías al borde y caerías. Incluso ahora, sin el conocimiento adecuado, uno percibiría el mundo simplemente como una superficie plana. El puro sentido de la vida puede engañarnos; por lo tanto, deberíamos confiar en técnicas y análisis para averiguar la verdad del asunto.

Las primeras personas que sugirieron que el mundo era redondo y la tierra no era el centro fueron vistas como locos. Sin embargo, después de años de estudio y análisis, todos coincidimos en que el mundo es redondo y la tierra no es el centro. Todo lo que la gente necesitaba para darse cuenta es que la verdad era una prueba. Las personas enojadas deberían darse cuenta de que su primera conclusión podría ser tan errónea como cualquier otro pensamiento equivocado y se necesita evidencia antes de que puedan emitir juicios. En conclusión, las personas enojadas necesitan hacer una pausa y reunir información completa antes de que puedan emitir juicios para llegar a mejores conclusiones.

Pensamiento en blanco y negro

Una vez que comprendes que el mundo es un lugar complicado, se vuelve más fácil aceptar que la primera expresión no siempre es correcta. En el momento de la ira, uno puede no ser capaz de capturar la imagen precisa y completa de una situación preocupante. Reconocer la complejidad puede ser un desafío para algunas personas enojadas que tienen el hábito de identificar el mundo como un lugar en blanco y negro. La mayoría de las personas enojadas hablan sobre el mundo en generalidades polarizadas, insistiendo en que las cosas siempre deben hacerse de ciertas maneras, o que las personas nunca deberían hacer ciertas cosas. También tienden a concentrarse en el lado negativo en lugar de buscar lo bueno en las cosas y reconocer la positividad. Estas personas tienden a saltar a conclusiones a un ritmo rápido y rara vez se molestan en verificar si su comprensión es correcta o no. Estas mentalidades de blanco y negro deben ser desacreditadas para reconocer los matices de gris antes de que el progreso en el manejo de la ira ocurra de manera duradera.

Hablarlo ayuda

Cuando uno está abierto a la posibilidad de que la primera impresión no siempre es correcta, hay varias formas de poner a prueba las impresiones para obtener una comprensión mejor y más completa. La mejor manera de probar la realidad implica hablar con otras personas que tienen experiencia en tales circunstancias. ¿Qué pensaron que sucedió antes de descubrir la verdad? ¿Cómo se dieron cuenta de los hechos? ¿Cuál fue la causa real del problema? Cuando consultas a otras personas y ellas ven la situación como tú, es decir, que has sido perjudicado, entonces estás más justificado para sentirte enojado. Si las otras personas ven la situación de manera diferente, entonces no estás justificado para acusar a la otra persona. La opinión de otras personas puede ayudarte a apreciar la naturaleza compleja de una situación.

Cuenta hasta diez

La siguiente alternativa del método de prueba de realidad, además de consultar a otros, es usar la regla de contar hasta diez antes de actuar. Esta venerable regla también se conoce como dar al otro la ventaja de la duda. A medida que la ira aumenta debido a la situación, uno debe poner freno y contar lentamente. Esto puede combinarse con técnicas de respiración y relajación. Uno debe hacer lo que pueda para calmarse. Luego, debe tomarse el tiempo para buscar explicaciones alternativas que puedan ayudar a entender la situación de manera más completa.

Por ejemplo, si una persona está conduciendo muy lentamente frente a ti y es una carretera libre, es posible que primero pienses que lo está haciendo para retrasarte y bloquearte de llegar a tu destino a tiempo. El primer impulso será gritarle al conductor por ser lento e incompetente. Al contar hasta diez antes de poder expresar tus pensamientos, te das tiempo para considerar las alternativas de las causas de la conducción lenta. Por ejemplo, el coche podría estar teniendo problemas mecánicos, o el conductor podría estar agotado. Tal vez el conductor ha recibido recientemente varios boletos por exceso de velocidad, por lo tanto, conduce lentamente para evitar otro. Si una de estas opciones resulta ser cierta, entonces será difícil seguir enojado con el conductor a pesar de que todavía estés atrapado detrás de él/ella.

Capítulo 8: Manejo de la Ira y Comunicación

Hay diferentes tipos de estilos de comunicación aplicados por las personas. Las personas enojadas suelen adoptar ciertas posturas y actitudes de comunicación cuando se comunican con otras personas. En psicología, hay términos utilizados para describir estas actitudes de comunicación, cada una adoptando su propio lema:

1. Comunicación agresiva - En esta postura, la persona dice: "Yo soy digno, pero tú no lo eres."
2. Comunicación pasiva - La persona que utiliza esta postura normalmente dice: "No cuento."
3. Comunicación pasivo-agresiva - En esta postura, una persona dice "Soy digno. Tú no eres digno, pero no te lo diré."
4. Comunicación asertiva - Las personas en esta postura dicen: "Yo soy valioso, y tú también lo eres."

Es evidente que la mayoría de las personas enojadas utilizan posturas más pasivo-agresivas y agresivas. Las personas que utilizan posturas agresivas tienen mayores posibilidades de iniciar una discusión, fallando así en alcanzar el objetivo que pretendían. Ser pasivo en la comunicación también es malo porque da una aura de debilidad, invitando así a una mayor agresión. La comunicación asertiva es más útil y equilibrada, ya que tiene en cuenta los sentimientos de todas las partes involucradas. Es la única postura que comunica respeto por todos. La comunicación asertiva es probablemente la mejor manera de asegurar que cada persona tenga sus necesidades en cuenta. Por lo tanto, es muy imperativo aprender a comunicarse de manera asertiva en lugar de agresiva o pasivo-agresivamente para poder transmitir y recibir mensajes de manera constructiva.

Las personas que tienen el hábito de ser agresivas tienden a malinterpretar el significado de ser asertivas. Para ser específicos, estas personas tienden a confundir agresión y asertividad. Ellos piensan que sus acciones y palabras son asertivas. Los dos estilos de comunicación pueden involucrar persuasión y comunicación feroz. Sin embargo, hay cosas fundamentales que difieren, por ejemplo; los comunicadores agresivos tienden a adoptar una postura defensiva, mientras que las personas asertivas defienden sus derechos y a sí mismas sin cruzar las líneas de los demás. Típicamente, la comunicación agresiva criticará y atacará a los demás sin importar la situación. Por otro lado, la comunicación asertiva solo utilizará la ira y la ferocidad cuando defienda. La comunicación asertiva no cruza innecesariamente las líneas de los demás.

Manejo de la Ira y Solicitud de Peticiones

El estilo de comunicación que se utiliza determina la capacidad de una persona para hacer solicitudes. Normalmente, las personas que utilizan técnicas de comunicación agresiva tienen dificultades para hacer solicitudes de manera efectiva. Recuerda que las personas enojadas normalmente utilizan comunicación agresiva y, por lo tanto, fracasarán en hacer solicitudes. Como ya se sienten con derecho, las personas enojadas hacen una suposición errónea de que cada persona debe cumplir con sus deseos. Por lo tanto, no harán solicitudes bajo la suposición de que las personas a su alrededor saben cuándo hacer solicitudes y cómo hacerlas. Incluso cuando intentan hacer solicitudes, las hacen de tal manera que suena como una demanda, lo que provoca enojo en los demás y no llevarán a cabo la solicitud con gusto. Una solicitud efectiva debe involucrar claridad, transparencia emocional y respeto.

La claridad se refiere a la formulación de una solicitud bien estructurada que expresa claramente los deseos y necesidades del individuo. Cuando una solicitud carece de claridad, se convierte en difícil de cumplir y probablemente conducirá a la ira, la frustración y el estrés. Esto es aún más cierto cuando las solicitudes se presentan e interpretan como órdenes. Una solicitud clara debe expresarse de manera explícita y debe dar respuestas claras a ciertas preguntas que son: quién, qué y cuándo.

La transparencia emocional implica expresar los sentimientos reales en lugar de hacer acusaciones. Por ejemplo, si uno le dice al otro: "Tú, idiota, eres tan insensible. ¿Qué te pasa que siempre tienes que olvidar? ¿Dónde está la leche que te dije que compraras? ¿No puedes recordar cosas tan pequeñas?" ¿Puedes sentir la intensidad de la defensa en la afirmación? La persona está evitando expresar los sentimientos reales y acusando al otro de ser un idiota. Tal petición alejará a un público comprensivo muy rápido. La petición carece de transparencia emocional, por lo tanto, no logra apelar a la otra persona. La transparencia emocional implica la disposición a compartir sentimientos reales. El hablante suena grosero y egocéntrico. Pero si prestamos más atención a los sentimientos, percibiremos que el hablante se siente excluido o descuidado.

Será mejor si uno expresa sus solicitudes con transparencia emocional, compartiendo la verdadera razón de la petición. Esa transparencia probablemente motive al oyente a actuar. En el ejemplo dado anteriormente, podemos reformular "Siento que no te importo cuando olvidas recoger algo para mí. Por favor, recuerda guardarlo para mí la próxima vez." En esta frase, el hablante deja claro que sus sentimientos están heridos cuando la otra persona olvida entregar lo solicitado. Esto resulta en dos cosas buenas: primero, el mensaje es claro, y segundo, no deja espacio para que el oyente adopte una postura defensiva. Cuando las solicitudes se hacen con transparencia emocional, claridad y respeto, hay altas probabilidades de que el oyente lo tome en serio.

El respeto implica formular la solicitud de una manera que haga que la persona quiera cumplir. El respeto hace que las personas se sientan honradas, por lo tanto, es más probable que ayuden a la persona que hace la solicitud. Al hacer solicitudes, declaraciones como: "Si no es demasiado pedir, ¿podrías por favor…?" o "¿Podrías ayudarme, por favor…?" o "Apreciaría mucho si tú…"

Hay una buena fórmula de solicitud que ayuda a transmitir información de manera clara llamada la Fórmula de Solicitud Asertiva. Esta fórmula implica tres partes que suman una declaración completa:

"Me siento ____ cuando tú ____ porque ____."

Es, sin embargo, muy importante que uno se asegure de no acusar al otro al hacer la solicitud. Por ejemplo, uno no debería decir "Siento que eres tonto." La 'sección de yo siento' se trata de cómo te sientes. La fórmula no funciona en acusaciones. Esto se debe a que habrás hecho una acusación y harás que la otra persona adopte una postura defensiva basada en la declaración agresiva y ofensiva. Habla sobre ti mismo para obtener mejores resultados. Por ejemplo, puedes decir "Me siento abandonado cuando dejas de llamarme y avisarme que vas a llegar tarde porque me preocupa que puedas estar en peligro."

Capítulo 9: Seleccionando un Programa de Manejo de la Ira

En el estudio científico de las emociones, la ira ha recibido menos atención en comparación con otros problemas como la depresión y la ansiedad. Sin embargo, hay una serie de programas de manejo de la ira que han sido identificados para ayudar a reducir y gestionar la ira de manera efectiva. La mayoría de ellos han reducido con éxito la ira no saludable y ayudan a los usuarios a mejorar sus habilidades de afrontamiento adaptativas. Desafortunadamente, no todos los programas han demostrado funcionar; por lo tanto, es necesario hacer algunas consideraciones antes de conformarse con cualquiera de ellos. La calidad del programa varía mucho, y mientras que algunos están fundamentados en una sólida investigación científica, otros son simplemente conjeturas y potencialmente dañinos.

Según los científicos, los mejores programas de manejo de la ira se basan en marcos cognitivo-conductuales. En resumen, las teorías cognitivo-conductuales afirman que las reacciones emocionales humanas están influenciadas principalmente por nuestra interpretación de los eventos más que por los eventos en sí. Por ejemplo, si alguien se enoja por la velocidad de conducción de la persona que está frente a ellos, no es por el estilo de conducción, más bien es la creencia y la interpretación de que la otra persona podría hacerlo mejor. Los programas de manejo de la ira que se basan en teorías cognitivo-conductuales tienden a prestar atención a enseñar a las personas cómo controlar y reducir su excitación fisiológica y emocional, pensando de maneras menos provocativas. Enseñan al individuo cómo pensar y expresar la ira de manera productiva. Estos programas enfatizarán el desarrollo de estrategias de autocontrol.

Al seleccionar un programa, aquí hay algunas de las cosas que uno puede considerar:
   i. Los programas basados en teorías cognitivo-conductuales tienden a tener un apoyo de investigación confiable y son más rentables y breves. Muchos de estos programas se pueden completar en 2 a 3 meses.
   ii. Hay algunas prácticas que han sido desaprobadas, pero algunas personas todavía las utilizan. Por ejemplo, se desaconsejan esos programas que permiten la expresión agresiva y descontrolada de la ira, como golpear cosas con bates y pegarle a almohadas y sacos. Pueden proporcionar alivio a corto plazo, pero al final, hay una alta probabilidad de aplicar la ira agresiva en el futuro.
   iii. Seleccione un proveedor de tratamiento con el que se sienta cómodo. El hecho de que una persona esté utilizando un programa aprobado no significa que sepa cómo aplicarlo. Por lo tanto, es importante que encuentre un buen proveedor.

Dependiendo de las necesidades personales, uno puede elegir trabajar con un consejero profesional o un grupo de apoyo para aprender a controlar la ira. También se puede optar por trabajar por su cuenta utilizando un recurso de autoestudio de elección. Sin embargo, se debe advertir que cambiar un hábito a largo plazo puede ser difícil; por lo tanto, se requiere mucho compromiso. Un buen sistema de apoyo te ayudará a hacer y mantener un cambio real en el comportamiento. Así, si realmente estás serio acerca de hacer un cambio en la forma en que manejas la ira, es mejor participar en un grupo de apoyo. Te ayudará a hacer un seguimiento de los cambios que realices. Un programa de autoestudio es bueno, pero estarás mejor en un grupo que tenga tus intereses en mente. Los programas formales ayudan a uno a ceñirse a una guía estructurada para el cambio, brindan motivación para continuar trabajando hacia sus metas incluso cuando el deseo de rendirse es abrumador.

A continuación se muestra una lista de diferentes tipos de programas de manejo de la ira entre los que se puede elegir:

Terapia Individual y Grupal

En este estilo de manejo de la ira, se trabaja con un psicólogo o un profesional licenciado, ya sea de forma individual o en un entorno grupal. Lo mejor de trabajar con un terapeuta es que tienes a alguien que observa y analiza tu comportamiento y progreso. El terapeuta puede verificar tu progreso desde una perspectiva imparcial y, por lo tanto, ayudará con tus pruebas de realidad. En la terapia grupal, los otros miembros te ayudarán a llevar un seguimiento de tu progreso. También tendrás personas con quienes comparar notas. Un terapeuta de manejo de la ira también te ofrecerá más de una manera de evaluar tu ira. En caso de que un programa falle, él/ella sugerirá otras formas que podrían funcionar.

Recuerda que no todos los terapeutas saben cómo usar los programas como están diseñados y podrías empeorar a largo plazo. Por lo tanto, es recomendable que elijas un terapeuta que sea adecuado para ti. Un terapeuta cognitivo-conductual es el mejor para el manejo de la ira porque él/ella está mejor informado sobre el control emocional. Hay otras cualidades que necesitarás considerar antes de decidirte por cualquier terapeuta. Idealmente, un terapeuta licenciado tendrá la capacitación adecuada para ayudarte a aplicar las terapias y técnicas de manejo de la ira. Otros tendrán una práctica especial para el manejo de la ira.

Típicamente, un curso de manejo de la ira no se desarrollará como una sesión de terapia tradicional; más bien será como una clase. En estas sesiones de terapia, se ayudará a los participantes a ser más conscientes de sus respuestas cognitivas, emocionales y físicas a los conflictos y la ira. Dependiendo de las necesidades personales, el terapeuta elegirá si trabajar contigo en ejercicios de meditación y respiración para reducir la excitación de la ira. Él/ella también puede optar por ayudarte a aplicar una técnica física y emocional segura y adecuada para liberar la ira. La capacitación también puede incluir habilidades de comunicación y reestructuración cognitiva.

El efecto de la terapia puede tardar diferente tiempo en distintas personas. En promedio, se verá progreso después de 8 a 10 sesiones. El progreso está parcialmente determinado por tu esfuerzo personal y dedicación, que involucra; la asistencia regular a las sesiones de terapia, cuán profundamente tomas las lecciones y la seriedad que pones en practicar tu tarea.

Clases de manejo de la ira

Las clases de manejo de la ira suelen estar disponibles a través de empleadores, una variedad de organizaciones y diferentes secciones de la comunidad. Las clases de manejo de la ira difieren en calidad y duración. Mientras que algunas de las clases se extienden a lo largo de un largo periodo de tiempo, hay otras que duran solo un corto tiempo, como un fin de semana. Cualquiera que sea tu decisión, es mejor elegir un programa que dure más de un fin de semana; te proporcionará información más sostenible. Cuanto más larga sea la clase, más información recogerás para tu proceso de cambio. Sin embargo, independientemente de la duración del programa, se te asignarán proyectos de tarea y cuestionarios para rastrear el progreso a lo largo de tu curso.

Es importante que lleves un seguimiento de tus necesidades personales y pienses cuidadosamente en tus necesidades cambiantes. Si tu ira surge más con colegas de trabajo en los lugares de trabajo, tal vez un seminario de manejo de la ira sería beneficioso. Si tu ira es contra un cónyuge, entonces te beneficiarías más de una terapia de pareja. Cualquiera que sea el camino que elijas, asegúrate de que el camino seleccionado esté aprobado y te guiará hacia tus objetivos.

Autoestudio

Puedes aprender a manejar la ira por tu cuenta de diversas maneras. Hay grabaciones en video y audio que permiten completar programas de manejo de ira en su propio espacio, tiempo y a un ritmo personal. Algunos de estos grupos ofrecen a la persona una plataforma en línea a la que contribuir, apoyo a través de correo electrónico o teléfono, e incluso grupos de chat de apoyo.

Si deseas un enfoque más especializado para manejar tu ira, por ejemplo, un programa diseñado para una madre trabajadora o para un ejecutivo corporativo, hay una gran colección de recursos en las bibliotecas y en línea. Puedes hacer un poco más de investigación antes de decidirte por un programa o clase.

Cumpliendo con el Programa de Manejo de la Ira

Llegará un día en que dejarás de planear gestionar la ira y realmente lo llevarás a cabo. Independientemente de si persigues tus objetivos de manejo de la ira de forma personal o a través de un grupo de apoyo, un día necesitarás realmente cambiar tu comportamiento. Debido a que se requiere mucho trabajo para cambiar un comportamiento que se ha desarrollado con el tiempo, es importante que realmente te comprometas con tu curso y te mantengas en él hasta que veas resultados positivos. Hay una serie de estrategias que puedes seguir para lograr un buen manejo de la ira. Estas estrategias dan estructura al programa que elegiste y te ayudarán a mantener el compromiso. Si no sigues un programa de manera sistemática, no te beneficiarás de un programa de manejo de la ira, incluso si es la mejor y más confiable técnica.

Mantente en un programa durante el tiempo recomendado. Tendrás mayores oportunidades de ver cambios si sigues un programa de manejo de ira diseñado profesionalmente; obtén una buena entrada al programa. Aunque un programa diseñado personalmente puede funcionar, es mejor dedicar tu tiempo a concentrarte en cómo cambiar tu comportamiento en lugar de cómo diseñar una técnica de manejo. En la mayoría de los casos, un programa diseñado profesionalmente te ofrecerá apoyo a nivel personal y grupal. Un líder de grupo te ayudará a mantener el progreso incluso cuando la tentación de rendirte sea alta. El apoyo que recibas puede ser emocional o técnico. A medida que te motives, también motivarás a otros. En el proceso, a veces ayudarás a otras personas a obtener la ayuda que necesitan. Esto te motiva a seguir adelante con tus propios objetivos.

Algunas personas saben bien que un programa grupal no funcionará para ellas y otras pueden no lograr encontrar una clase adecuada, por lo tanto, optarán por hacer su propio plan. Aún así, es recomendable que sigan un horario establecido al hacer uno personalizado. También es importante que selecciones a una o dos personas para ayudarte a revisar tu progreso. En términos simples, tener un plan estructurado te ayudará a tener éxito en el manejo de tu ira.

Terapia Cognitivo-Conductual para el Manejo de la Ira

Uno de los tipos de psicoterapia más utilizados es la terapia cognitivo-conductual. Esta terapia está destinada al tratamiento ya que ayuda a la persona enojada a reconocer los pensamientos negativos y autodestructivos que están alimentando la emoción. Esta forma de terapia ha demostrado ser la más efectiva para el manejo de la ira. Normalmente, las maneras ineficaces de manejar los impulsos de ira pueden llevar a patrones de reprimir sentimientos hasta que exploten, lo que conduce a problemas graves tanto en el trabajo como en otras relaciones. Nuevamente, una mala gestión del estrés puede aumentar el resentimiento y la ira, y al final, uno no sabrá cómo expresar tales emociones de manera efectiva.

La terapia cognitivo-conductual para el manejo de la ira puede incluir:

- Entrenamiento de mindfulness

- Entrenamiento en tolerancia al malestar,

- Reestructuración cognitiva de pensamientos disfuncionales

- Desarrollo de habilidades de asertividad

- Entrenamiento en regulación emocional

En términos simples, la TCC te ayudará a entender cómo cambiar tus pensamientos, comportamientos y sentimientos. Al centrarse en la manera en que reaccionas a las situaciones, esta terapia te ayuda a actuar de manera más efectiva. De hecho, enseña a sentirse mejor acerca de una situación incluso cuando no se puede cambiar. Hay una serie de beneficios que hacen que la TCC valga la pena, incluido el hecho de que está orientada a objetivos. La TCC se centra en las situaciones presentes; es breve, bien investigada e involucra actividades en equipo.

Terapia Cognitivo-Conductual - Orientada a Metas

A diferencia de un buen número de terapias conversacionales, la TCC es una terapia orientada a la resolución de problemas que ayuda a alcanzar sus objetivos. Los objetivos pueden ser cualquier cosa, desde llevarse bien con un jefe hasta estar en una relación duradera. Uno podría buscar ayuda para el manejo de la ira con la intención de reducir los sentimientos de depresión o ansiedad. Una vez que el paciente ha logrado sus objetivos, trabajará junto con el terapeuta y decidirán si hay algo más que deban hacer.

Terapia Cognitivo-Conductual – Enfocada en el Presente

CBT típicamente se concentra en las situaciones actuales y las dificultades presentes que causan angustia. El enfoque en el aquí y el ahora ayuda al paciente a resolver problemas actuales de manera más efectiva y rápida. Identificar los desafíos individuales y centrarse en ellos uno por uno de manera estructurada y consistente resulta en la obtención de mayores beneficios en el tratamiento, y alcanzarlos en un plazo más corto que otras terapias de conversación.

Terapia Cognitivo-Conductual – Activa

La terapia cognitiva conductual requiere colaboración y trabajo en equipo. El paciente y el terapeuta tienen que trabajar juntos para resolver problemas. En lugar de esperar a que el problema desaparezca después de escuchar una charla interminable, el paciente tiene la oportunidad de hacer sugerencias en las sesiones. Hay tareas de autoayuda y herramientas que se utilizan entre las sesiones. Ayudan al paciente a acelerar el proceso de sanación. Cada sesión presenta una forma diferente de pensar de manera diferente. El paciente desaprende reacciones no deseadas mientras identifica nuevas formas de manejar la ira.

Terapia Cognitivo Conductual - Breve

La TCC está limitada por el tiempo, lo que significa que una vez que tú y el terapeuta han identificado que has mejorado, puedes finalizar la sesión o ponerla en pausa por el período que desees. En consecuencia, la TCC es más corta que las otras terapias de conversación tradicionales, que pueden durar años. Un buen número de personas termina la TCC en unos pocos meses. Es importante señalar que no todas las personas responden rápidamente a la terapia. Algunas personas necesitarán terapia adicional para generar un cambio duradero. Los pacientes con desafíos crónicos graves pueden necesitar un plazo largo, que varía entre 6 meses y varios años. Sin embargo, incluso para los pacientes que necesitan más tiempo en terapia, la TCC sigue siendo preferida.

Terapia Cognitivo-Conductual – Bien Investigada

Esta terapia es una de las pocas que han sido probadas científicamente. Los investigadores han encontrado que es efectiva. Hacer grandes cambios puede ser muy desafiante; por lo tanto, se necesitará mucho apoyo. Una terapia bien investigada te ayudará a manejar la ira de manera más efectiva.

Los pasos seguidos en la terapia cognitivo-conductual incluyen:
1. Conciencia de tus emociones y pensamientos en torno a los desencadenantes de la ira
2. Identificación de las circunstancias o situaciones en tu vida que llevan a la ira
3. Reconocimiento de patrones de pensamiento negativos e inexactos
4. Aprendiendo patrones de pensamiento más saludables y positivos

Hay muy pocos riesgos asociados con la terapia cognitivo-conductual, y hay muchos beneficios. Se debe advertir que puede ser necesario que él/ella recorra su pasado y recuerdos dolorosos, pero lo hará bajo una buena guía.

Otras Opciones de Programas de Tratamiento

Hay varias opciones disponibles para las personas que buscan manejar la ira, incluidas el tratamiento interno y externo. Las opciones de tratamiento modernas son específicas y efectivas, y en la mayoría de los casos, darán resultados en tan solo 6 a 8 semanas.

A medida que uno revisa estas opciones, debe saber que la ira no es algo de lo que se pueda deshacerse. Es una parte saludable de la vida compartida por todas las personas en todas partes. El objetivo de estas opciones de programa es ayudar a uno a gestionar la ira antes de que se vuelva destructiva o resulte en todo tipo de problemas personales. No se puede curar la ira, pero se puede gestionar el efecto y la intensidad. Algunas estrategias terapéuticas pueden ayudar a uno a reducir la reactividad. Uno incluso puede aprender a aplicar más paciencia ante situaciones y personas que no puede controlar.

La mayoría de las terapias se concentran en habilidades para resolver problemas, habilidades de comunicación y la evitación de ciertas situaciones, el humor y el comportamiento cognitivo. Es posible que una persona trabaje a través de la ira sin ayuda externa, pero un terapeuta ayudará a avanzar más rápido en el programa.

Programas de tratamiento de manejo de la ira residencial / hospitalario

Si la ira está afectando la vida diaria de una persona, entonces se podría recomendar un centro de manejo de la ira en régimen de internado o residencial. Podría ser importante que uno se quede con un equipo de personal de tratamiento dedicado bajo condiciones controladas si él/ella:

- Está en problemas con la ley debido a problemas de ira.

- Atacar a un cónyuge o a los hijos, especialmente físicamente.

- Está experimentando constantes y descontrolados argumentos con compañeros de trabajo y miembros de la familia

- Está amenazando con violencia a personas y propiedades

- Cree que todo estará bien si suprime la ira.

- Pierde el control de sí mismo cuando está enojado

Dado que el objetivo del tratamiento para el manejo de la ira es reunir las herramientas necesarias para expresar la emoción de una manera constructiva, segura y saludable, un terapeuta o profesional es la mejor opción para ayudar.

Beneficios de los Tratamientos de Manejo de la Ira Internos

El tratamiento residencial para el manejo de la ira ayuda a aprender a controlar la frustración y la ira. Un terapeuta interno puede ayudar a un paciente a reconocer situaciones peligrosas y a ser más consciente de las señales de advertencia cuando la furia se avecina. Además, el tratamiento residencial te ayudará a entender formas de evitar la supresión de la ira, lo que conducirá a la depresión, hipertensión, ansiedad y problemas cardíacos. Lo más importante es que el tratamiento residencial ayuda a desarrollar estrategias de manejo lejos del mundo exterior y de los desencadenantes.

Hay diferentes aspectos que se deben considerar antes de seleccionar una instalación residencial. El hecho de que sea una instalación de tratamiento no significa que tenga que tener condiciones estériles e inhumanas. Un número de estas instalaciones de lujo son cómodas y serenas. Un buen ambiente facilitará un estado mental positivo, ayudando así a aprender más rápido.

Programa Ejecutivo de Manejo de la Ira

Estos programas están diseñados para ejecutivos, abogados, médicos y otros profesionales que desean discreción y privacidad y desean beneficiarse de un programa uno a uno. Las estrategias efectivas de manejo de la ira no solo beneficiarán a un ejecutivo individual al interactuar con empleados, clientes o pacientes; también les ayudará a formular políticas organizacionales sólidas. Cuando un profesional es capaz de manejar la ira y el estrés de manera positiva, está mejor posicionado para instruir y trabajar con otros.

En los programas de manejo de la ira ejecutiva, los individuos pueden esperar aprender maneras de:

1. Comuníquese de manera directa y respetuosa;
2. Restaurar la confianza;
3. Reparar relaciones rotas, encontrar resoluciones positivas para personas y situaciones estresadas y estresantes;
4. Controlar la reactividad emocional;
5. Resuelve conflictos de manera saludable; y
6. Empatiza con los clientes y compañeros de trabajo.

Programas Ambulatorios de Tratamiento para la Ira

En algunos casos, una persona está dispuesta a participar en un programa de manejo de la ira, pero no está en condiciones de asistir a una sesión de internamiento. Por ejemplo, si un trabajo es demasiado exigente, o hay una familia joven involucrada, es posible que no se pueda gestionar un programa residencial. De nuevo, si su problema de ira no representa amenazas físicas para las personas o

cosas, entonces es posible que no necesite un programa
residencial. Un programa ambulatorio es el más adecuado
para tal persona. Muchos programas ambulatorios ofrecen
consejería intensa para individuos, y generalmente duran de
seis a ocho semanas. También ayudan al paciente a
prepararse para un seguimiento más cuidado en casa. Con
los programas ambulatorios, uno tiene que lidiar con
situaciones externas y personas porque el entorno no está
controlado. Así, uno se beneficiará del apoyo de amigos y
familiares.

Encontrar la Mejor Instalación de Tratamiento para el Manejo de la Ira

Una vez que estás listo para tomar el control de tu ira y has
decidido buscar ayuda, es importante considerar una serie
de cosas. Si optas por una instalación, busca una que ofrezca
una evaluación integral, tratamiento adecuado y servicios de
seguimiento. Habla directamente con los profesionales de la
instalación y pregúntales sobre sus calificaciones y
experiencias. Puede parecer mucho, pero estarás mejor
sabiendo los métodos y los resultados esperados en lugar de
hacer suposiciones. Expresa todas tus preocupaciones y
asegúrate de que los facilitadores expliquen los costos
totales del programa. Algunos seguros de salud cubren parte
de estos gastos.

Obtendrás más del programa que elijas si:
1. Tratas a tu terapeuta como un compañero en lugar de un supervisor;
2. Eres abierto sobre tus pensamientos y sentimientos;

3. Te mantienes constante y sigues el plan de tratamiento;
4. Recuerdas que la determinación y la paciencia conducen a resultados;
5. Te comunicas bien con tu equipo, especialmente cuando enfrentas desafíos; y
6. Haces tu tarea.

El Compromiso Contractual

Es recomendable que una persona elabore un contrato que detalle el plan específico sobre las cosas que deseas practicar a lo largo del programa de manejo de la ira. La mejor parte de firmar dicho contrato es que habrás creado para ti mismo apoyo y una estructura a seguir. Estos dos aspectos son importantes para tu éxito. Imprime el contrato en una hoja y fírmalo con tinta. Si tienes personas que te apoyan en tu búsqueda, puedes pedirles que firmen como testigos de tu progreso. También puedes considerar publicar el contrato firmado en un lugar público, por ejemplo, en tu casa, para que las personas a tu alrededor puedan entender lo que buscas y te ayuden. Hacerlo público fortalecerá tu compromiso y ayudará a las personas a tu alrededor a apoyarte.

Los detalles que necesitas incluir en el contrato tienen que ser muy específicos. Por ejemplo, necesitas escribir:

a. Tus objetivos - lo que esperas obtener del programa

- b. El plan - lo que necesitas hacer para alcanzar tus objetivos
- c. Cuándo y cómo practicarás las cosas que has establecido.

Al hacer el contrato, sé muy específico con los objetivos, evita usar generalidades como 'Quiero dejar de sobre reaccionar.' Tales objetivos vagos son imposibles de medir de manera específica y, por lo tanto, dejan demasiado margen para saltar de un extremo al otro con una falsa sensación de logro. En lugar de establecer algunos objetivos poco realistas y poco específicos, describe situaciones reales que te enojan y detalla cómo intentas cambiarlas. Escribe las técnicas que utilizarás para enfrentar esas situaciones. Repite las técnicas si es necesario. Repetir cosas ayuda a recordar y comprender.

Tómate un tiempo.

En el contrato, asegúrate de incluir tomarte un tiempo. Esto significa que te alejas voluntariamente de una situación que está sacando la ira de ti. Por ejemplo, si no estás de acuerdo con tu cónyuge, haz un acuerdo de que te alejarás de la situación tensa y harás espacio para calmarte. Ten en cuenta que si no te alejas, es probable que la situación se salga de control. Tómate un tiempo para alejarte, pensar críticamente y calmarte.

Los descansos pueden ayudarte a ordenar la situación mientras estás en un mejor estado de ánimo. De manera similar, si las demandas familiares te agobian habitualmente cuando llegas a casa después del trabajo, asegúrate de tomarte un descanso antes de llegar a la casa. Durante este tiempo, asegúrate de relajarte. No confundas beber alcohol como una forma de relajarte; es una manera poco saludable de desestresarte. Una buena opción podría ser ir al gimnasio o tomar una clase de yoga. Simplemente date una zona de amortiguamiento, un espacio para hacer algo que te interese. Tomar un descanso te ayudará a relajarte de tal manera que, una vez que llegues a casa, podrás apreciar las cosas buenas de tu familia sin ser hostil o malhumorado. Unos minutos de tiempo para mí te ayudarán a manejar situaciones cuando llegues a casa.

En el contrato, acuerdas que practicarás técnicas de relajación y respiración con regularidad. Es preferible que las practiques diariamente. Aprender a mantener la calma requiere que entiendas formas a través de las cuales reaccionas menos violentamente, independientemente del estrés involucrado en la situación. En consecuencia, se te requerirá que aprendas a relajarte hábilmente. Algunas de las técnicas de relajación más efectivas que puedes utilizar para calmarte incluyen la meditación, la respiración profunda, así como ejercicios físicos. Con práctica y paciencia, estas técnicas se convierten en una forma proactiva de minimizar tu aumento general de ira.

Examinando el pensamiento

En tu contrato, incluye una sección para revisar pensamientos. Como se mencionó anteriormente, los primeros pensamientos que surgen cuando uno está enojado son normalmente juiciosos e imperfectos porque se basan en información incompleta. Cuando simplemente te centras en las impresiones incompletas, es probable que ataques a las personas que te rodean, y esto no será un movimiento inteligente. En lugar de simplemente explotar cuando estés enojado, prométele a ti mismo que evaluarás de manera crítica y cuidadosa las situaciones que provocan ira. El mejor momento para evaluar tu ira es durante la sesión de descanso, justo antes de que la ira disminuya o se descontrole. Aprende a ver los tipos de situaciones que desencadenan tu ira y los pensamientos que te ocurren cuando estás furioso. Haz consideraciones serias sobre si es bueno para ti reaccionar cuando estás enojado. Abstente de actuar a partir de las reacciones emocionales automáticas (que normalmente son erróneas) y piensa crítica y lógicamente sobre las situaciones.

Comunicación asertiva

En el contrato, declara claramente que dedicarás un tiempo cada día para practicar habilidades de comunicación asertiva. Podrías buscar un libro sobre comunicación asertiva y leerlo. Anota las cosas que normalmente le dices a las personas de manera agresiva. Luego, reescríbelas de forma asertiva. Practica las oraciones asertivas con personas, frente a un espejo o durante sesiones de juegos de roles. Si sientes que te encontrarás en una situación que te enojará, practica las afirmaciones asertivas de antemano; te ayudará a manejar la circunstancia real.

Además de practicar la comunicación asertiva, que implica principalmente transmitir tu mensaje, también es importante que practiques escuchar a otras personas. Es necesario convertirse en un oyente hábil que participe en la conversación de manera constructiva. Al final, ampliarás tus oportunidades de obtener lo que deseas de los demás.

Duración del contrato

Es importante tener un marco de tiempo para su programa

de manejo de la ira. Idealmente, no debería ser demasiado largo; tampoco debería ser demasiado corto. Podría desarrollarse a lo largo del plazo del programa que seleccione. Sin embargo, una mejor opción es dividir el contrato en períodos más cortos pero vinculados. Por ejemplo, un contrato podría durar de uno a cinco días - o el tiempo que mejor se adapte a su plan. Algunas personas comienzan con un contrato que dura veinticuatro horas, mientras que otras eligen unos pocos días. Cuando un contrato termina, la persona escribe uno nuevo, haciendo nuevos compromisos.

La ventaja de los contratos cortos es que te permiten adaptarlos a los cambios que estás experimentando. A medida que aprendes nuevas técnicas, el contrato renovado te permite evaluar tus prácticas. Los contratos cortos también te permitirán sentirte exitoso cuando hayas logrado el objetivo a corto plazo, lo que te dará la motivación para perseguir el siguiente. Recompénsate por cada contrato logrado, tómate un tiempo para sentirte bien al respecto y luego entra en el siguiente. Ya sea que te conformes con un contrato día a día o uno de un período más largo, debes firmarlo y asegurarte de que los testigos también confirmen tus logros. Guarda el contrato o publica en un lugar público como recordatorio.

Deja que la gente te ayude

Tu familia, parejas, amigos e incluso asociados estarán en una mejor posición para reconocer el momento en que te estás enojando. Por lo tanto, es aconsejable incluirlos en el plan si es posible. Puedes acordar con tu equipo de asistencia una señal que puedan darte cuando te vean comenzando a caer en el viejo hábito de la expresión agresiva. Una vez que detectes la señal, asegúrate de cambiar tu comportamiento; de lo contrario, la ira se intensificará. Algunas técnicas que podrían ayudarte a evitar esta escalada incluyen tomarte un tiempo fuera o acordar manejar la situación más tarde, cuando estés emocionalmente estable.

Recompénsate a ti mismo

Las recompensas actúan como buenas fuentes de motivación. Por lo tanto, es importante que incluyas tus recompensas en el contrato. Ten una recompensa por cada vez que logres un objetivo establecido en el contrato. Sin embargo, la recompensa debe ser saludable y sensata, preferiblemente, algo de lo que puedas prescindir en el caso de no alcanzar tus objetivos. También debe ser un regalo que te haga esperar con ansias ganar, uno que te haga sentir bien si lo obtienes. Por ejemplo, podrías darte un capricho con algo que has estado esperando, como asistir a un espectáculo de ópera.

Capítulo 10: El Uso de Técnicas de Manejo de la Ira: Poniéndolas Juntas

Hemos revisado una serie de información y una variedad de técnicas que se pueden utilizar para manejar y desarrollar una ira saludable en los temas anteriores. Uno puede querer practicar estas técnicas de manera aislada, pero no necesariamente tiene que ser así. Puedes combinar cualquier número de técnicas que funcionen para ti, siempre que ayuden a alcanzar los objetivos.

Cuando te sientas provocado a la ira por una situación particular, detente y haz consideraciones. Reflecciona antes de responder. Los siguientes pasos resumen las técnicas de manejo de la ira:

1. Inmediatamente, cuando sientas ira, detén tu línea de pensamiento y acción. Una vez que reconozcas que tu ira está aumentando, cambia o controla tus pensamientos y acciones; podrías pensar en algo más placentero. Si la imaginería funciona para ti, intenta visualizar una señal de alto roja.

2. Cuando la ira comienza a aumentar, los mecanismos del cuerpo también empiezan a cambiar. Por ejemplo, la frecuencia cardíaca

aumenta y la presión arterial se eleva. Para contrarrestar estos signos físicos, utiliza la técnica de relajación y respiración. Puedes elegir una palabra para recitar con el fin de invocar el estado de calma. Por ejemplo, podrías usar las palabras tranquilo y fresco repetidamente.

3. Piensa en la situación e intenta identificar los desencadenantes que provocan tu ira. Pregúntate cosas como; ¿qué pensamientos están ocupando mi cabeza en este momento? ¿Qué estoy sintiendo? ¿Cómo está respondiendo mi cuerpo? ¿Estoy considerando todo el escenario o sólo la primera impresión? ¿Qué quiero? ¿Quiero venganza y realmente vale la pena? ¿Qué pasa si actúo de manera agresiva? ¿Qué consecuencias debo enfrentar? ¿De qué otras maneras puedo responder a la situación en lugar de actuar por ira? ¿Harán que la situación sea peor o mejor?

4. Una vez que hayas hecho las consideraciones anteriores, considera la forma en que deseas responder. Es mejor si trabajas para identificar una respuesta asertiva más que una agresiva.

5. Responde. Después de hacer todas las consideraciones, pensar, repensar y verificar los hechos, hablar con alguien sobre la situación, etc., cuando tengas los detalles correctos, responde.

En la mayoría de los casos, el calor del momento cuando uno está enojado hace que la situación parezca necesitar una respuesta muy urgente. Te darás cuenta de que la situación en realidad no necesita una respuesta drástica inmediata; es mejor que tomes un tiempo y reconsideres. La urgencia de la situación suele ser una ilusión, y una vez que te calmas, se vuelve más clara. La intensa excitación del momento contribuye a la impaciencia.

Cuando sientas que la ira aumenta y la intensidad del momento se vuelve demasiado fuerte, sería de gran ayuda pedir un tiempo fuera y utilizar algunas de las técnicas de manejo de la ira para analizar la situación. Mientras te desvinculas de la situación de ira, utiliza una afirmación educada para excusarte, como "Ahora me siento molesto, déjame alejarme un momento y continuar con esta conversación más tarde." El tiempo fuera interrumpirá tu proceso de ira, y una vez que regreses a la situación, tu mente estará renovada y más dispuesta. Es mejor si vuelves a abordar el caso de una manera asertiva en lugar de agresiva.

Si la situación no te permite tomar un descanso, prueba los siguientes pasos:

1. Evita acusaciones. En lugar de decirle a la otra persona sobre sus fallos de una manera agresiva, usa la declaración 'yo' para explicar tus sentimientos y hacer una solicitud. El objetivo de la comunicación es hacer que las otras personas conozcan tu postura, no menospreciarlas ni golpearlas.

2. Mientras hablas, no mires a la persona directamente a los ojos, más bien, haz contacto visual intermitente a intervalos. Mirar demasiado durante una confrontación se percibe como agresión, mientras que el contacto visual intermitente muestra valentía y la voluntad de defender lo que crees.

3. Cuando escuches a otras personas, asegúrate de practicar la escucha activa. Evita la expresión "sí,

pero". Esto normalmente desvía la atención de la otra persona hacia ti. En consecuencia, si el "sí, pero" continúa, la otra persona se siente excluida.

4. Al hablar, evalúa si tus necesidades han sido escuchadas. ¿Crees que la persona a la que le estabas transmitiendo el mensaje entendió todo lo que dijiste? En un momento de tensión, la persona con la que te estás comunicando podría malinterpretar el mensaje porque se concentra demasiado en la excitación. En caso de que te des cuenta de que él/ella no entendió tu mensaje, entonces reformúlalo de otra manera. Ten en cuenta que la persona podría estar demasiado enojada para entenderte; por lo tanto, es posible que debas disminuir la velocidad y permitirle desahogarse. No toda persona enojada es capaz de utilizar las técnicas de control que has aprendido. Si la comunicación resulta imposible, es importante que te desconectes y continúes en otro momento.

5. Cualquiera que sea tu acción, evita entrar en una reacción prematura. Tomará tiempo y práctica resolver las cosas con paciencia, pero al final, valdrá la pena. Gana más tiempo cuando estés enojado, retrasa tu respuesta, espera un poco más. Si tu opción es perder los estribos o irte, elige irte. Es mejor mantener el control que ganar mediante la agresión.

La práctica hace la perfección

Recuerda que es muy difícil y probablemente imposible aprender a manejar la ira de la noche a la mañana. Sin embargo, habrá muchas oportunidades en tu vida en las que podrás practicar diferentes técnicas. También puedes aprender a aplicarlas más si las ejercitas a través de juegos de rol. Estas prácticas ayudarán a simular y controlar tus desencadenantes.

Las simulaciones pueden hacerse a nivel personal o con una pareja. Sin embargo, el juego de roles se aplica mejor si tienes un grupo de apoyo; uno donde compartas los objetivos. Usa la lista de disparadores para crear situaciones que presenten los desafíos de manejo de la ira. Si no estás trabajando con una pareja, párate frente a un espejo y háblate a ti mismo. Puede sonar loco, pero los actores profesionales lo hacen la mayor parte del tiempo para mejorar sus habilidades de actuación. Asume un papel como si estuvieras hablando con alguien con quien estás enojado. Métete en el personaje de la manera más realista posible. Haz que tu imaginación sea lo más vívida posible. Habla en voz alta e imagina las respuestas más realistas. Inicialmente, te sentirás incómodo hablando en voz alta contigo mismo frente a un espejo, pero con el tiempo, la ansiedad desaparecerá y te sentirás más cómodo con la práctica.

Si tienes acceso a socios y grupos con los que interpretar los roles, mejor, será más fácil llevar un seguimiento de tu desarrollo cuando otras personas están involucradas. Es más fácil dirigir las emociones hacia alguien, aunque sea solo un acto. Mantente en control todo el tiempo que puedas y mantén el personaje. La práctica hace al maestro.

Ira y Defensa

¿Qué te enoja? ¿Es un maltrato en la oficina? ¿O una enfermedad particular que afecta a alguien que amas? ¿El hecho de que la sequía esté matando a la gente? ¿Hay informes sobre el trabajo infantil?

La buena ira ha ayudado a las personas a encontrar soluciones para muchos desafíos a lo largo de los siglos. Por ejemplo, la ira llevó a las personas a luchar contra la esclavitud. Esta emoción hizo que los luchadores por la libertad enfrentaran a sus opresores. La ira también hizo que las mujeres lucharan por sus derechos a votar y trabajar. Las altas facturas hospitalarias hicieron que las personas lucharan por el seguro.

¿Cómo puedes usar tu ira de una manera positiva? Convierte esa ira en defensa. Inicia un movimiento que luche por o contra un tema particular. Si tu ira proviene de las imágenes de niños en ciertos lugares del mundo muriendo de ira, comienza un curso que sensibilice a las personas al respecto. Si es por una enfermedad que te quitó a un ser querido porque no tenías suficiente información, comienza una plataforma donde las personas puedan aprender más sobre ello.

Centrarse demasiado en tu ira solo causará resentimiento. Busca maneras de bendecir a otros con tu energía. La defensa puede parecer difícil al principio, pero con el tiempo, tendrás un camino que valga tu energía.

Capítulo 11: Recaídas y tratamiento de la ira

Mientras uno trabaja para superar un problema de ira, hay momentos en que ocurrirán recaídas. La persona probablemente caerá en hábitos de ira anteriores, como volverse inapropiadamente enojada, beligerante y agresiva. Las recaídas, errores y lapsos son prácticamente inevitables en los programas de manejo de ira; por lo tanto, uno tendrá que planear para ellos. Lo más importante es negarse a rendirse.

No importa cuán desafiante sea, no permitas que un lapse sea tu excusa para abandonar un programa de manejo de la ira. Trata los fracasos como experiencias de aprendizaje. Examina los eventos que desencadenaron la recaída con cuidado y aprende cómo ocurrió la situación. ¿Qué parte de tu plan de manejo de la ira fue insuficiente para la situación? La información que obtengas de este análisis te ayudará a ajustar tu programa para que funcione mejor la próxima vez.

En el proceso de planificación para recaídas, es importante que busques eventos problemáticos con anticipación y te prepares mentalmente para ellos. Si aún no has buscado ayuda profesional, sería el momento de hacerlo. Si has pasado por programas de consejería y tratamiento, las sesiones de refuerzo pueden hacer maravillas para ayudarte a seguir con tu vida. Las sesiones de refuerzo implican volver a tu terapeuta y obtener asistencia adicional sobre tu problema. Esta sesión de refuerzo podría incluir revisar las estrategias de manejo de la ira que estás utilizando, verificar los estresores actuales y obtener una opinión objetiva sobre tu próximo paso. Las sesiones de refuerzo no indican que has fracasado.

Mentalidad sobre Recaídas

Hay una alta probabilidad de que la mayoría de las personas cometan errores o recaigan. Una cosa a tener en cuenta son tus pensamientos hacia el error. Las mentalidades hacen que las cosas sean mejores o peores para nosotros. Si te castigas a ti mismo por una recaída, es muy probable que tengas más problemas con la ira. La gente a menudo piensa que la autocrítica abusiva es una fuente de motivación, pero en realidad no lo es. Se han identificado algunos pensamientos racionales e irracionales en personas que han tenido deslices, y se ha observado que una línea de pensamiento puede determinar si la persona se recuperará o seguirá recaindo. Algunos de estos pensamientos incluyen:

Mantente fiel a tu plan.

El manejo de la ira implica diferentes técnicas y habilidades, como la respiración profunda y la relajación, la comunicación asertiva, la identificación de los desencadenantes y su contrarresto, el perdón, el cambio de mentalidad y el desapego de la rumia. Con el tiempo, estarás tentado a dejar algunas de las técnicas que sientes que han cumplido su función. Eso podría ser en realidad el comienzo de tu recaída. No dejes de usar una habilidad de afrontamiento solo porque sientes que está fuera de servicio. Sigue practicándola. Si has dejado una habilidad, recupérala.

Te tomará mucho tiempo dejar de usar estas técnicas y, aun así, es posible que en algún momento necesites sacarlas del estante y practicarlas.

Otro paso para recuperarse de las recaídas es revisar aquellas estrategias y técnicas a las que no prestaste atención. Esos trabajos que no completaste evaluando son donde podría estar la debilidad. No tienes nada que perder al revisar tu trabajo anterior.

Busca retroalimentación.

Las personas que te rodean, como cónyuges, familiares y amigos de confianza, pueden ayudarte a rastrear la causa de tu recaída. Simplemente, pueden ser tus salvavidas en la búsqueda de manejo de la ira. Cuando experimentes una recaída, puedes pedirles que te ayuden a señalar el momento en el que recaíste y las causas. Estas personas pueden ayudarte a detectar una regresión antes de que se salga de control.

Sin embargo, es importante que entiendas que estas personas solo te ayudarán si se lo pides. Pídeles que busquen cosas que indiquen que te estás descontrolando. Deberían saber cómo te comportas cuando estás bien y cuando estás enojado. Desarrolla una señal, palabra o señal que te den cuando noten que estás perdiendo la calma.

Algunos de los signos y palabras que puedes usar incluyen: un toque en el hombro, un saludo con la mano, una pregunta como '¿estás bien?' o una simple solicitud como "vamos a respirar."

Normalmente, la primera reacción cuando ves la señal es la negación, creyendo reflexivamente que no estás enojado.

Intenta evitar un estado defensivo. Los salvavidas son muy
objetivos, por lo tanto verán las debilidades antes que tú.

Incentívate.

Después de una recaída, es importante que te incentives. La
motivación puede venir de hacer una lista de las razones por
las que quieres cambiar. Identifica las tres razones que
dominan tu vida, por ejemplo, si has perdido demasiados
amigos o te has avergonzado demasiado, buscando así
maneras de protegerte de daños adicionales. Mantener estas
razones en mente te ayudará a levantarte de nuevo. Puedes
identificar muchas razones, pero elige las tres o cinco
principales para ayudarte a levantarte. Detente y reflexiona
sobre cada objetivo y la importancia de tu plan.

Señales de advertencia de una recaída

Las siguientes señales de advertencia pueden ayudarte a
identificar cuándo está a punto de ocurrir una regresión:
1. El regreso de la negación - Esto implica la
   incapacidad de reconocer y decirle a otras
   personas lo que sientes y piensas. Esta negación
   puede ocurrir incluso cuando no puedes
   reconocer que está a punto de ocurrir un desliz, y
   estás volviendo al comportamiento agresivo.
2. Preocupación por el bienestar - Esto se refiere a
   la falta de confianza en tu capacidad para
   controlar la ira. Puede suceder cuando te
   encuentras en una situación agravante y tienes
   dificultades para controlarte.

3. Defensividad - Cuando se avecina una recaída, hay posibilidades de que adoptes una postura defensiva al hablar de ti mismo. Esto sucede a menudo cuando no quieres admitir que estás retrocediendo hacia los viejos hábitos.
4. Crisis en construcción - Te sentirás abrumado por la vida y por la incapacidad de controlar las cosas. También sentirás que cada vez que resuelves un problema, aparecen dos más. Esto ocurrirá a menudo si tus planes son demasiado estresantes o exigentes.
5. Evitación - Esto implica evitar el hecho de que algo puede hacer que resurjan sentimientos incómodos y dolorosos. En consecuencia, te encontrarás evitando a las personas y lugares que pueden hacerte participar en la introspección.
6. Inmovilización - Esto implica la sensación de que no te estás relacionando de manera efectiva con otras personas. Es más como si simplemente estuvieras pasando por los movimientos de la vida. Ninguno de tus problemas se siente realmente resuelto y pasarás más tiempo soñando despierto en lugar de buscar soluciones.
7. Irritabilidad - Esto implica reaccionar de manera exagerada ante asuntos pequeños y perder el temperamento rápidamente. La irritabilidad ocurrirá más si estás decepcionado contigo mismo y te sientes frustrado.
8. Los planes comienzan a fallar - Notarás que la mayoría de tus proyectos no están avanzando,

especialmente porque no los estás siguiendo. Por ejemplo, si tenías planes de seguir una dieta saludable. Te darás cuenta de que estás comiendo mucha comida chatarra. Esto sucede cuando sientes que los planes son demasiado difíciles y agotadores.

9.
Depresión - Esto se representará por algunos síntomas importantes como la falta de sueño, hábitos alimenticios irregulares, pérdida de interés en cosas que solían ser divertidas para ti y pérdida de un patrón regular en la vida. También puedes sentir que mantenerse enojado es la única forma de dejar ir la depresión.

10.
Rechazo abierto de ayuda - Otra indicación de recaída es el rechazo de la ayuda. En la mayoría de los casos, las personas a tu alrededor se acercarán y expresarán su preocupación por ti. Sin embargo, la negación te hará rechazar sus expresiones.

11.
Incapacidad para controlar tu comportamiento - Esto puede manifestarse en una actitud de "no me importa." Te encontrarás faltando a asuntos importantes como reuniones.

12.
Mentira consciente - Esto implica justificar la verdad y, en su lugar, vender mentiras sobre una situación.

13.
Pasar más tiempo con personas autodestructivas y deprimidas - Esto puede ser un indicador o un resultado de una recaída. Inicialmente, tu plan de recuperación incluía pasar tiempo con personas que manejan su ira de manera saludable. Sin embargo, durante la recaída, sientes la necesidad

de pasar más tiempo con personas enojadas y deprimidas.

Capítulo 12: Medicación para la Ira y Efectos Secundarios

La ira es un problema psicológico—por lo tanto, es posible tratar los síntomas con medicación. El objetivo de los programas de manejo de la ira es ayudar a la persona a volverse autosuficiente—y aunque la terapia es la mejor opción, la medicación puede ayudar en la fase de tratamiento.

Medicamentos Comunes

Algunos medicamentos son conocidos por prevenir estallidos de ira y reducir la agresión. No están dirigidos a la ira específica en el cuerpo; más bien, producen un efecto calmante que controla las reacciones. Existen antidepresivos, estabilizadores del estado de ánimo y medicamentos antipsicóticos que ayudan al paciente a lidiar con la ira, pero rara vez la detienen por completo.

Antidepresivos

Estos medicamentos han demostrado ser efectivos para tratar la ira resultante de varios trastornos mentales, como los trastornos de la personalidad y la depresión. Los investigadores encontraron que los antidepresivos hicieron desaparecer la ira en un 53-71 por ciento de los pacientes deprimidos. Los antidepresivos utilizados incluyen imipramina, sertralina y fluoxetina.

Estabilizadores del estado de ánimo

En la mayoría de los casos, se prefieren los antidepresivos al tratar la ira en personas con otras condiciones como la depresión y los trastornos de la personalidad, porque son efectivos para la mayoría de los pacientes. Sin embargo, hay casos en los que los medicamentos antidepresivos fallan; por lo tanto, se recomiendan otros medicamentos como los estabilizadores del estado de ánimo. Algunos medicamentos anticonvulsivos como la carbamazepina y el divalproex se utilizan como estabilizadores.

Medicamentos antipsicóticos

Las investigaciones muestran que algunos fármacos antipsicóticos típicos como la Clozapina pueden ser utilizados para tratar a pacientes esquizofrénicos que tienen comportamientos agresivos y hostiles. Los investigadores explican que los fármacos reducen la ira debido a su capacidad para minimizar la impulsividad. Sin embargo, otros estudios afirman que aunque los fármacos antipsicóticos son efectivos para el manejo de la ira, existen muchos efectos secundarios, lo que los hace inviables para un tratamiento a largo plazo.

La seguridad del tratamiento con medicamentos

Evidentemente, la medicación a veces es la mejor manera de controlar la ira a corto plazo. Con la ayuda de otras formas de tratamiento, como la terapia, un paciente podría no necesitar medicación por mucho tiempo. Un profesional puede recomendar ciertos medicamentos para uso a largo plazo si tienen pocos o ningún efecto secundario. Por supuesto, toda medicación conlleva un riesgo. Existen posibilidades de adicción u otras adversidades.

Es importante que uno tome toda la medicación según lo prescrito por el médico o profesional. Esté atento a cualquier efecto secundario y comuníquese con su médico/terapeuta. Los médicos pueden hacer seguimientos para esa medicación que tiene algunos riesgos. Monitoree de cerca cualquier cambio adverso. También es importante que uno consulte con el terapeuta/médico antes de dejar cualquier medicamento para la ira.

Aquellas personas que tienen dudas sobre la medicación pero aún quieren sanar sus desafíos de ira pueden buscar ayuda en tratamientos alternativos como aceites esenciales y hierbas junto con terapia. La manzanilla es una de las hierbas utilizadas por las personas para calmar sus nervios. Prácticas como el ejercicio diario, la atención plena y la meditación pueden ayudar a un paciente a encontrar calma y equilibrio. Sin embargo, se necesita paciencia y mucha persistencia para lograrlo.

Capítulo 13: Resumen de Técnicas de Manejo de la Ira

Sintiendo enojo

Todos sentimos ira en algún momento u otro. Algunas personas pueden manejar la ira bastante rápido, pero otras tienen más dificultades para resolver la irritabilidad. Miramos los desafíos desde diferentes ángulos y así obtenemos diferentes perspectivas y resultados. La ira puede llevar a complicaciones importantes en nuestras vidas y en las de quienes nos rodean.

La ira normalmente nos informa de cuándo algo puede estar mal. Por ejemplo, podemos sentirnos perdidos cuando algo no está bajo nuestro control. A veces, la ira nos ayuda a evitar sentimientos reales. Si sentimos miedo, la ira nos ayuda a sentirnos lo suficientemente seguros y enérgicos como para luchar. Demasiado estrés también puede llevar a la ira. El estrés nos hace sentir inquietos; por lo tanto, una cosa pequeña puede obligarnos a reaccionar de manera muy drástica.

La ira implica una amplia gama de sentimientos. Puede ser un poco molesto debido a un pequeño accidente, como olvidar recoger leche en la tienda, o una forma de rabia por un problema más serio, como ver a alguien que amas resultar herido. Todos reaccionamos dependiendo de cómo interpretamos la situación y el estado de ánimo actual. En algunos casos, uno puede sentirse enojado por una razón que no puede identificar.

La ira será más fuerte para ti si:

- Se muestra de una manera que es más fuerte de lo que esperabas según la situación;

- Ocurre con demasiada frecuencia hasta el punto en que ya no disfrutas de la vida;

- Se debe a algo que te sucedió en el pasado, y aún no lo has resuelto;

- Resulta en actos violentos hacia alguien más, propiedad o hacia ti mismo;

- Está interfiriendo con tu capacidad para trabajar;

- Está perjudicando tus relaciones o haciendo que la gente se aleje de ti; y

- Está afectando tu salud, física, mental y emocional.

Qué Hacer

En algunas situaciones, todos se ven obligados a reaccionar con ira. Esta emoción puede ser útil en algunos casos. Por ejemplo, como se vio anteriormente, si la ira te hace salir de una relación abusiva, entonces es bueno. Es saludable si la ira te motiva a actuar sobre algo o a trabajar hacia tus metas. Sin embargo, si uno está lidiando con la ira de una manera poco saludable, entonces conducirá a problemas que pueden afectar muchos sectores de la vida. Afortunadamente, hay algunas cosas que uno puede hacer para manejar la ira.

Estrategias Inmediatas

Las estrategias inmediatas no resolverán el problema, pero ayudan a poner a una persona de nuevo en control. Cuando uno está en control, está en una posición para encontrar formas productivas de enfrentar el desafío. Las estrategias inmediatas también ayudarán a uno a mantenerse alejado de acciones y palabras de las que se arrepiente más tarde.

Primero, aléjate de la situación que te está haciendo enojar si es posible. Alejarse de la situación de ira puede ayudarte a relajarte y pensar de una manera más clara. Recuerda que la reacción del cuerpo cuando estás en un estado de ira impide considerar todas las cosas. Aléjate.

En segundo lugar, cuenta hasta diez. Esto se aplica más si te encuentras en una situación en la que puedes alejarte sin una razón adecuada, por ejemplo, al hablar con un empleador. La mejor opción es contar hasta diez lentamente; de este modo, tendrás tiempo para moderar la ira.

En tercer lugar, repite una frase tranquilizadora de tu elección. Puedes usar palabras que te traigan paz, como 'mantén la calma' o paz y amabilidad. También ayudaría si dejas que tu mente divague hacia pensamientos como "¿importará en dos meses?"

En cuarto lugar, toma una respiración profunda y relájate. ¿Recuerdas las técnicas de respiración y relajación de las que hablamos antes? Son útiles en momentos de urgencia. Inhala profundamente al estómago y suelta lentamente; al inhalar, piénsalo como energía positiva. Al exhalar, piensa en ello como si estuvieras dejando ir la energía negativa. Las respiraciones profundas te ayudan a calmar tu mente acelerada, disminuir la presión arterial e incluso ralentizar la frecuencia cardíaca.

Quinto, cambia tu atención. Puede sonar como falta de respeto o arrogancia, pero es mejor que dejar que tu ira se manifieste. Desvía tu enfoque del tema y piensa en algo agradable. Identifica algo que esperes con ansias, como un masaje o una rebanada fresca de pastel. Sea lo que sea que te haga feliz, ve por ello.

Estrategias a Corto Plazo

Una vez que las estrategias inmediatas te hayan ayudado a controlar la emoción básica, hay estrategias que puedes utilizar para analizar la situación. Te ayudan a evaluar las emociones que surgieron en la situación. Estas estrategias no tardan mucho, pero cuando se aplican correctamente, pueden hacer una gran diferencia.

En primer lugar, reconoce la ira. Si sigues negando la ira, no tendrás la oportunidad de lidiar con ella. La ira no se irá solo porque la reprimas. El reconocimiento y la aceptación son los primeros pasos para encontrar ayuda para tu problema.

En segundo lugar, considera si la reacción estaba justificada por la situación. La ira es una parte normal, pero se vuelve desafiante si la reacción es excesiva para la situación.

Considera lo que pensarías si vieras a alguien más enojarse por la situación segura en la que te encontrabas. También puedes pedirle a alguien en quien confíes que te ayude a verificar si la ira estaba justificada.

En tercer lugar, evalúa tus pensamientos. Principalmente, la ira es provocada por nuestros pensamientos. La forma en que percibes una circunstancia determina la forma en que reaccionarás ante ella. Por lo tanto, es importante que evalúes los pensamientos/sentimientos que tuviste mientras estabas enojado. ¿Eran verdaderos o falsos?

En cuarto lugar, identifica la fuente de la ira. ¿Son las palabras o acciones de la otra persona las que te hicieron sentir enojado? ¿Fallaron en hacer algo? Intenta abordar la fuente de manera productiva y pacífica. Las habilidades asertivas pueden ayudarte a resolver el asunto.

En quinto lugar, busca humor en la situación. Puede que hayas olvidado cómo hacer humor de un pequeño asunto.

Estrategias a Largo Plazo

Puede que estés buscando formas de solucionar completamente tu problema de ira. Las estrategias de manejo de la ira a largo plazo requerirán más esfuerzo y tiempo, pero te ayudarán a afrontar tu ira en diferentes situaciones. El objetivo es cambiar las maneras en que manejas la ira para que no cause problemas.

Primero, aprende las cosas que desencadenan tu ira. Mientras que algunas personas se enojan debido a otras personas como sus jefes, cónyuges o amigos, otros se enojan por situaciones que no pueden cambiar, como los embotellamientos y los vuelos perdidos. También hay personas que pierden los nervios cuando se sienten emocionales, por ejemplo, cuando se sienten avergonzados, enojados o culpables.

En segundo lugar, identifica tus señales de advertencia. Conocer tus señales de advertencia de ira te ayudará a actuar antes de perder completamente el control. Debes evitar la ira descontrolada; por lo tanto, detecta la situación a tiempo. Algunas de las primeras señales de ira incluyen la tensión en el pecho, la irritabilidad, el resentimiento, las palpitaciones y la sensación de querer desquitarse.

En tercer lugar, habla con una persona en la que confíes. Intenta obtener una segunda opinión de alguien que sepas que no puede mostrar sesgo. Ten en cuenta que la ira en realidad te informa sobre cosas que necesitan cambio. Otra persona puede ayudarte a identificar el verdadero problema, identificar soluciones e incluso probarlas.

Cuarto, aprende de otras personas. Si tu ira proviene de una situación que no puedes controlar, como un trabajo, pregunta a otras personas cómo lo hicieron. ¿Cómo manejó tu compañero de trabajo una situación similar?

Quinto, practica un pensamiento saludable. Recuerda que la ira es provocada principalmente por nuestros pensamientos. Aprende a resolver problemas, piensa positivamente y maneja el estrés. No asumas que cada persona está empeñada en dificultarte la vida. Piensa críticamente y busca consejo.

En sexto lugar, se ha identificado que las actividades físicas son algunas de las estrategias de manejo útiles para muchos trastornos. Probablemente podrías dar un paseo, limpiar la casa o practicar tu deporte favorito. Esto te ayudará a sentirte menos tenso y a olvidar.

Séptimo, practica la atención plena. Esto implica prácticas como la meditación, que te ayudan a observar tus pensamientos sin juzgarlos. Esta práctica te ayudará a mirar tu ira y también a acomodarla sin rechazarla.

Octavo, aprende a ser asertivo. La asertividad es una técnica que ayuda a manejar la ira. Aprende a comunicarte y actuar de manera asertiva. Recuerda que la asertividad no significa agresividad. La asertividad no es impositiva ni exigente. En cambio, implica comunicar tus pensamientos sin menospreciar o menoscabar a otras personas. Asegúrate de que tu mensaje sea claro.

Noveno, deja que otras personas sean. Si tu ira aumenta a causa de otras personas, por ejemplo, tu cónyuge o jefe, recuerda que no puedes controlarlas y no siempre tienen que actuar como tú deseas. Su comportamiento no es tu responsabilidad en gran medida.

Décimo, elige un programa de tratamiento. Hay muchos programas disponibles para uso individual o en grupo. Elige uno que se ajuste a tu tiempo y objetivos. Recuerda que, aunque los programas diseñados para un individuo son buenos, es mejor si utilizas la terapia grupal. Te ofrecerá un mejor sistema de apoyo.

Recuerda que la ira puede significar otro problema, como ansiedad o depresión. Habla con un profesional.

Conclusión

¡Gracias por llegar al final del libro! Esperamos que lo hayas encontrado útil e informativo. Se hicieron todos los esfuerzos para asegurarnos de que todos los capítulos pudieran brindarte información valiosa. Intencionalmente usamos un lenguaje simple para asegurarnos de que cada persona que lo lea se sienta empoderada. El libro ha evitado deliberadamente teorías complicadas y se ha centrado en prácticas simples que uno puede utilizar a su conveniencia.

El momento en que entiendes la ira es el momento en que se vuelve más fácil de manejar. El manejo de la ira es esencial en la vida cotidiana. Este libro te ha llevado a través del tema del manejo de la ira. No hay una cosa específica que una persona pueda hacer para manejar la ira de la noche a la mañana. Sin embargo, si sigues los pasos correctos, con dedicación y compromiso, obtendrás los resultados que buscas. Combina una serie de opciones de tratamiento si es necesario. Si estás trabajando con un terapeuta, sigue todas las instrucciones que él/ella te dé y mantén un canal de comunicación abierto.

El siguiente paso es dejar de leer y comenzar a aplicar las lecciones en la vida real. Haz lo que hayas identificado como necesario para controlar la ira y asegurar la salud y el bienestar de ti y de las personas que te rodean. Te darás cuenta de que muchas personas aún son ignorantes sobre las maneras adecuadas de manejar la ira. Te darás cuenta de que la mayoría de aquellos que parecen tenerlo todo bajo control simplemente están reprimiendo la ira, y eso les perjudicará al final. Con ese fin, intenta involucrarlos y enséñales un par de cosas que hayas aprendido aquí. Incluso puedes recomendarles o regalarles este libro.

Es posible que también necesites hacer referencia a este libro en una fecha posterior. Conserva este libro y revísalo tantas veces como desees. Solo porque hayas llegado al final del libro no significa que no haya nada más que aprender sobre la ira y su manejo. Lee más y expande tus horizontes. Es la única manera en que lograrás la maestría que buscas. Presta atención a los cambios que rodearán tu vida tan pronto como comiences a manejar nuestra ira, especialmente de manera asertiva. Utiliza algunos de los consejos aquí para hacer del mundo un lugar mejor.

www.ingramcontent.com/pod-product-compliance
Lightning Source LLC
Chambersburg PA
CBHW070803040426
42333CB00061B/1859